MW01194846

ELOGIOS PARA *NO PODEMOS CALLAR*

«Albert Mohler es uno de los pensadores cristianos evangélicos más brillantes y valientes de nuestro país. En *No podemos callar* explica a los cristianos, creyentes en la Biblia, de todas las tradiciones por qué tenemos el deber de hablar en defensa de los principios bíblicos y de la ley natural de la moral sexual y el matrimonio. Dar testimonio de Cristo y del evangelio en la cultura contemporánea es convertirse en un "signo de contradicción" ante esas poderosas fuerzas que equiparan el "progreso" y la "justicia social" con la permisividad sexual y lo que el papa Francisco llama la "ideología de género". Eso es lo que nosotros, como cristianos, debemos hacer, sin que importe el precio que nos cueste. Estando en juego el futuro de la familia —y, de hecho, la propia dignidad de la persona humana—, el silencio no es una opción».

—Robert P. George, profesor de Jurisprudencia de la cátedra
McCormick, Princeton University

«El doctor Albert Mohler nos recuerda que los debates actuales sobre las cuestiones LGTBQ son parte de una revolución sexual más amplia que supone un reto fundamental para la moralidad bíblica. Es imposible callar y a la vez ser fiel al Señor Jesús».

—D. A. Carson, profesor investigador de Nuevo Testamento, Trinity
Evangelical Divinity School; presidente de Coalición por el Evangelio

«En este mundo posmoderno, el doctor Albert Mohler es uno de los más elocuentes y audaces defensores de la verdad bíblica. En *No podemos callar* nos describe el cambiante panorama moral y explica lo que significa para la iglesia y la cultura. Sobre todo, nos recuerda que nuestra misión es ser fieles a la verdad y compartir el evangelio con un mundo perdido y agonizante».

—Jim Daly, presidente de Enfoque a la Familia

«En este libro se puede observar la excepcional claridad y percepción del doctor Mohler. Este maestro a la hora de juntar las piezas del rompecabezas de la cultura, la política, la historia, la teología y las Escrituras en un mosaico de verdad y realidad ¡lo ha vuelto a conseguir! Sus argumentos coherentes, convincentes y persuasivos sobre la cuestión central y prioritaria de la identidad y el comportamiento sexual y sobre la respuesta cristiana constituyen una sabiduría esencial que el creyente debe adquirir. Mohler capacita a fondo al lector para afrontar con valor la lucha contra el pecado a la vez que empuña con compasión el evangelio de la gracia».

—Dr. John MacArthur, pastor de la Grace Community Church y
presidente del Master's College and Seminary

«"A orillas del Jordán" era uno de los himnos preferidos en la iglesia de mi juventud. Pero es difícil ver las orillas, y mucho más seguir ahí, cuando estás en medio de la tormenta. Este libro analiza la revolución sexual que está cambiando radicalmente nuestra cultura, sin excluir a grandes sectores de la iglesia cristiana. Pero Albert Mohler nos da más que un informe meteorológico. Propone una teología renovada del cuerpo inscrita en la doctrina bíblica de la encarnación como base de una ética contracultural. Todos los pastores y los padres deben leer este libro».

—Timothy George, decano fundador de la Beeson Divinity School de la Samford University y miembro del consejo editorial de *First Things*, *Books and Culture* y *Christianity Today*

«Albert Mohler es uno de los intelectuales cristianos más importantes del siglo. Mientras muchos titubean confusos ante las revoluciones culturales de nuestro tiempo, el doctor Mohler se pone en pie y habla. En este libro, aplica un agudo análisis cultural y una sabiduría bíblica ancestral a cuestiones controvertidas sobre el matrimonio y la sexualidad. Este libro capacitará a la iglesia de Cristo para hablar con claridad moral y mantener la convicción del evangelio».

—Russell Moore, presidente de la Ethics and Religious Liberty Commission, Convención Bautista del Sur

«Son pocos los hombres que, en una generación, pueden estar a la altura del momento en medio de una gran variedad de crisis en la cultura. Albert Mohler es uno de ellos. *No podemos callar* es un llamado irresistible a cada seguidor de Cristo y a cada iglesia a no retirarse, sino a defender la verdad de Dios sin avergonzarse y con audacia, pero siempre con amor y compasión. Cuando leas este libro, verás la singular brillantez de un erudito y el vibrante fuego de un hombre cautivado por Dios mismo. Léelo y compártelo con el mundo».

—Dr. Ronnie Floyd, presidente de la Convención Bautista del Sur y pastor principal de Cross Church

«Este es uno de los libros más útiles que he leído en mucho tiempo [...]. Los cambios que hemos visto son más bruscos e incluso más arrolladores en sus implicaciones de lo que suponíamos. Sin embargo, dichos cambios tienen raíces que se remontan a décadas atrás y más [...]. Estudiante, alumno de primer año, empleado del campus, líder de un grupo de jóvenes, pastor, profesor: lee este libro y estúdialo con otros».

—Mark Dever, pastor de Capitol Hill Baptist Church, Washington, DC, y presidente de 9Marks

«Albert Mohler no tiene parangón como apologista cultural moderno de la fe cristiana. *No podemos callar* no solo establece la rectitud bíblica con respecto a los temas difíciles que aborda, sino que también prepara a la iglesia para tratar estos temas con la compasión y el amor de Cristo. Mohler conoce tanto intelectual como existencialmente el precio del sufrimiento, y prepara al lector para esa inevitabilidad también. Este libro bendecirá y fortalecerá tu vida y la de tu iglesia».

—Paige Patterson, presidente del Southwestern Baptist Theological Seminary, Fort Worth, Texas

«En este sobrio pero apasionante volumen, Albert Mohler cuenta la aleccionadora historia de la revolución homosexual y transgénero que ha transformado la moral sexual y redefinido el matrimonio en el mundo occidental con una rapidez que nadie se hubiera imaginado. En su análisis cultural, magistral y propio de otros tiempos, Mohler explora las implicaciones futuras de este gigantesco cambio moral para la iglesia y la sociedad. Sin embargo, este libro no se limita a dar información, sino que constituye un llamado a la acción, instando a los cristianos a dar un testimonio valiente de la verdad anclada de manera especial en el designio de Dios para el hombre y la mujer, de acuerdo con su Palabra».

—Andreas J. Köstenberger, coautor (junto a Margaret Köstenberger) de *God's Design for Man and Woman*, Biblical Foundations y currículum de BibleMesh

«El doctor Mohler es conocido y apreciado por sus reflexiones cristocéntricas sobre la intersección entre el cristianismo y la cultura. En esta obra accesible son de especial valor sus reflexiones sobre cómo las concesiones de los heterosexuales en la iglesia y en la política pública llevaron a la aceptación del matrimonio homosexual, que a su vez amenaza ahora nuestra libertad religiosa. Sus breves respuestas a las treinta preguntas difíciles del último capítulo servirán para fomentar un buen debate».

—Robert A. J. Gagnon, Ph.D., profesor asociado de Nuevo Testamento, Pittsburgh Theological Seminary, autor de *The Bible and Homosexual Practice* y coautor de *Homosexuality and the Bible: Two Views*

NO
PODEMOS
CALLAR

NO
PODEMOS
CALLAR

Decir la verdad en una cultura que redefine el sexo,
el matrimonio y lo que está bien o mal

R. Albert Mohler, Jr.

La misión de Editorial Vida es ser la compañía líder en satisfacer las necesidades de las personas con recursos cuyo contenido glorifique al Señor Jesucristo y promueva principios bíblicos.

NO PODEMOS CALLAR
Edición en español publicada por
Editorial Vida – 2019
Nashville, Tennessee

Editora en Jefe: *Graciela Lelli*
Traducción: *Juan Carlos Martín Cobano*
Adaptación del diseño al español: *Setelee*

Dedicado a la memoria de mis abuelos,
Montesco Jasper y Carrie English Johnson,
Russell Lester y Dorothy May Mohler,
que tanto me amaron, y sin quienes yo no sabría quién soy.

Por tanto, guárdate, y guarda tu alma con diligencia, para que no te olvides de las cosas que tus ojos han visto, ni se aparten de tu corazón todos los días de tu vida; antes bien, las enseñarás a tus hijos, y a los hijos de tus hijos.

—Deuteronomio 4.9

CONTENIDO

PREFACIO

Uno de los recuerdos más vívidos de mi infancia es estar de pie con mi abuelo, mirando el paisaje después de que un huracán hubiese pasado por nuestro pueblo. Como me crie en Florida, había aprendido a respetar las grandes tormentas, pero no estaba preparado para ver cuánto había cambiado el paisaje. Recuerdo que pensé que había subestimado la tormenta, un error que decidí no volver a cometer.

Algo similar ocurre en Estados Unidos hoy con bastantes cristianos. Miramos al horizonte, a nuestro alrededor y nos damos cuenta de que nuestra cultura ha cambiado de manera radical. En este caso, la tormenta es una revolución moral inmensa, y esta revolución ni siquiera está cerca de su final. De hecho, es probable que no veamos concluir esta revolución moral durante nuestra vida, ni durante la de nuestros hijos y nietos.

Ahora mismo, somos testigos de una revolución que está dejando atrás la moralidad sexual y la definición de matrimonio que ha existido durante miles de años. Esta es la moralidad y la manera de concebir el matrimonio esencial en las sociedades moldeadas por el testimonio bíblico y por la influencia tanto del judaísmo como del cristianismo. También es importante señalar que a lo largo de la historia humana —en prácticamente todas las civilizaciones— el matrimonio se ha entendido como la unión de un hombre y una mujer. Eso ha cambiado.

Este libro trata sobre esta revolución moral, cómo ha ocurrido y qué significa para nosotros, para nuestras iglesias y para nuestros hijos. Es importante seguir el rastro de la revolución y comprender que las controversias más candentes de nuestros días no surgieron de un vacío en los titulares de la prensa diaria. Cada revolución tiene su historia, y a la historia de esta revolución podemos ahora seguirle el rastro. Para ser totalmente claros, esta revolución no comenzó con el matrimonio entre personas del mismo sexo, y no terminará ahí.

La revolución que se centra en la transformación de la moralidad sexual y la redefinición del matrimonio ha tenido éxito más rápidamente de lo que sus defensores más entusiastas se habrían imaginado, como ellos mismos admiten ahora. Pero esta revolución no habría podido alcanzar tal velocidad si el terreno no lo hubieran despejado acontecimientos que se produjeron mucho antes del matrimonio entre personas del mismo sexo. Vamos a ver lo que había antes del matrimonio homosexual, y miraremos hacia el futuro para ver lo que se avecina.

Todas las iglesias cristianas —y todos los cristianos— se enfrentarán a grandes decisiones a raíz de esta tormenta moral. Cuando se redefine el matrimonio, también cambia todo un universo de leyes, costumbres, reglas y expectativas. Palabras como *marido* y *esposa*, *madre* y *padre*, que en otros tiempos eran el vocabulario común de toda sociedad, son ahora campo de batalla de conflictos morales. Basta con considerar cómo tendrán que cambiar los libros ilustrados para niños a raíz de esta revolución. Como dejan claro los que exigen esta revolución, no quedará ningún modelo de estructura familiar normativa tras su paso.

Pero esta revolución también ha llegado a nuestras iglesias. Algunos están argumentando que los cristianos debemos revisar nuestra moralidad sexual y la definición del matrimonio para evitar confrontaciones polémicas y de alto precio con la cultura general. ¿Tienen razón?

En el capítulo 1 se describe la revolución y su gran impacto. Como un huracán en una pantalla de radar, se puede ver este gigantesco cambio moral en su desarrollo y en su trayectoria de tormenta. No podemos contar esta historia sin ver lo secularizada que se ha vuelto nuestra sociedad. La secularización de la cultura es clave para el cambio moral.

En el capítulo 2 nos fijamos en la llegada del control de la natalidad y el divorcio, y en el hecho de que pocos cristianos parecían entender en ese momento que estos desarrollos estaban sentando las bases para una redefinición total del matrimonio y la familia. No se puede tener una revolución sexual sin una anticoncepción fácil y sin el llamado divorcio «sin culpa». A principios de la década de 1970, ambos estaban muy presentes. Los cristianos parecían no prestar mucha atención a ninguno de los dos.

En el capítulo 3, situamos el desarrollo del movimiento homosexual en el contexto de esa revolución moral. Aquellos que abogaban por la normalización de las relaciones y conductas entre personas del mismo sexo se basaron en el impulso de la revolución sexual, y lo hicieron con un éxito espectacular.

El capítulo 4 es un examen de cerca al matrimonio entre personas del mismo sexo. ¿Cómo se puede redefinir el matrimonio para incluir a un hombre casado con otro hombre o a una mujer casada con otra mujer? Sabemos que la mayoría de los estadounidenses afirma ahora lo que hace apenas una década rechazaba de forma muy mayoritaria: la legalización del matrimonio entre personas del mismo sexo. ¿Qué significa esto? ¿Qué *significará*?

El capítulo 5 considera la revolución transgénero. A largo plazo, la redefinición del sexo y del género tendrá consecuencias de mayor alcance que la redefinición del matrimonio. ¿Existen límites en cuanto a hacia dónde conducirá la revolución transgénero? Parece que no.

El capítulo 6 contempla abiertamente el final del matrimonio. ¿Qué significará el matrimonio cuando prácticamente cualquier persona tenga «derecho» a casarse? ¿Qué puede significar? Algunas voces de ambos lados de la controversia del matrimonio entre personas del mismo sexo están de acuerdo en que, pase lo que pase, el matrimonio ya nunca será lo mismo. De hecho, el matrimonio como institución privilegiada y respetada —incluso como expectativa de una vida adulta normal— está desapareciendo ante nuestros ojos.

El capítulo 7 plantea una pregunta directa: «¿Qué dice en realidad la Biblia sobre el sexo?». Para los cristianos bíblicos, esta es la pregunta más importante. Examinaremos la manera bíblica de entender el sexo, el género, el matrimonio y la moralidad. La Biblia establecerá el marco para nuestra consideración del matrimonio, la identidad y la sexualidad. Como veremos, la Biblia presenta una clara forma de comprender el sexo, el género y el matrimonio como uno de los más grandes dones de Dios a la humanidad, para ser honrado según la intención divina.

El capítulo 8 examina los desafíos más reales y urgentes para la libertad religiosa a los que nos enfrentamos ahora. Estos desafíos aparecen en los titulares casi cada semana, y la lista de asuntos que se presentan ante los tribunales y el poder legislativo es larga y sigue ampliándose. ¿Se coaccionará a los colegios y universidades cristianas para que violen sus propias convicciones? ¿Se les negarán a los cristianos, como individuos, sus libertades religiosas? ¿Qué significará el matrimonio entre personas del mismo sexo para tu iglesia y tu libertad?

El capítulo 9 toma perspectiva para examinar la revolución sexual, hasta la llegada del matrimonio entre personas del mismo sexo, a la luz del evangelio de Jesucristo. Para los cristianos, el evangelio es nuestro marco de referencia constante. En este sentido, la confusión moral de nuestros días representa una oportunidad real para un testimonio cristiano valiente. Si tenemos confianza en el evangelio, tendremos confianza en la compasión de la verdad.

En el capítulo 10 se considera una serie de preguntas urgentes. ¿Debería un cristiano asistir a una boda entre personas del mismo sexo? ¿Es la orientación sexual una opción? ¿Cómo equilibramos la verdad y la compasión? ¿Permitirías que tu hijo jugase en una casa con dos mamás o dos papás? ¿Por qué ninguno de los antiguos credos cristianos define el matrimonio? ¿Debe el gobierno legislar la moralidad? Estas son solo algunas de las preguntas que ahora nos apremian. ¿Cómo debemos responder?

Por último, el libro concluye con «Una palabra para el lector» escrita en respuesta a la decisión del Tribunal Supremo sobre el matrimonio entre homosexuales.

Me recuerdo estando de pie con mi abuelo y mirando una gran barca que estaba de costado, lejos del lago. No tuve que preguntar cómo llegó allí. El huracán lo explicaba todo.

No podemos entender nuestros tiempos sin contemplar con honestidad el huracán moral que se abate sobre nuestra cultura, dejando pocas cosas intactas, si no radicalmente cambiadas, a su paso. Pero entenderlo es solo el principio. Cuando se trata del matrimonio y la moral, los cristianos no podemos guardar silencio, no porque seamos moralmente superiores, sino porque sabemos que Dios tiene un plan para la humanidad mejor que el que nosotros nos inventamos.

Aparte de eso, tampoco podemos guardar silencio porque sabemos que Jesucristo es el Señor y que vino a salvarnos de nuestros pecados. No podemos hablarle a la gente sobre el evangelio de Jesucristo si no nos expresamos debidamente con respecto al pecado y sus consecuencias.

Como he dicho, allí estaba yo con mi abuelo, decidido a no volver a subestimar un huracán. No nos atrevamos a subestimar la dimensión, el alcance y la importancia de esta revolución moral. Y, lo más urgente: no podemos subestimar el evangelio de Jesucristo. He escrito este libro con la esperanza de que la iglesia sea hallada fiel, aun en medio de la tormenta.

1

EN EL DESPERTAR DE UNA REVOLUCIÓN

La profética escritora Flannery O'Connor nos advirtió con razón hace años que debemos «empujar con tanta fuerza como la era que empuja contra nosotros».[1] Este libro es un intento de hacer precisamente eso.

Vivimos en medio de una revolución. La iglesia cristiana de Occidente se enfrenta a una serie de desafíos que exceden a todo lo que ha experimentado en el pasado. La revolución que ha transformado la mayor parte de Europa Occidental y gran parte de Norteamérica es más sutil y peligrosa que las revoluciones de las generaciones anteriores. Esta es una revolución de ideas, que está transformando toda la estructura moral de significado y vida que durante milenios hemos reconocido los seres humanos.

Esta nueva revolución presenta un desafío particular para el cristianismo, ya que el compromiso con la autoridad de las Escrituras y con las verdades reveladas entra en conflicto directo con el eje central de dicha revolución. Los cristianos no nos enfrentamos a un conjunto aislado de problemas que nos dejan simplemente perplejos y, a veces, en desacuerdo con la cultura general. En lugar de eso, nos enfrentamos a una redefinición del matrimonio y a la transformación de la familia. Nos enfrentamos a una transformación completa de la forma en que los seres humanos se relacionan entre sí en los contextos más íntimos de la vida.

1

Nos enfrentamos nada menos que a una redefinición integral de la vida, el amor, la libertad y el significado mismo del bien y del mal.

Esta inmensa revolución se está produciendo en todo el panorama cultural, afecta a prácticamente todas las dimensiones de la vida y exige la aceptación total de sus reivindicaciones y la aserción de sus objetivos. Los cristianos que están comprometidos con la fidelidad a la Biblia como Palabra de Dios y al evangelio como el único mensaje de salvación deben enfrentarse sin remedio a este desafío.

Una revolución de alcance total

El teólogo británico Theo Hobson ha argumentado que las dimensiones y alcance de este desafío no tienen precedentes. Según los críticos de la tesis de Hobson, el desafío de la revolución sexual y la normalización de la homosexualidad no es nada nuevo ni inusual. Las iglesias siempre han mostrado su capacidad para abrirse camino en medio de asuntos morales difíciles antes, y así lo harán de nuevo con la homosexualidad. El propio Hobson confesó que en algún momento había coincidido con esta línea de razonamiento, pero ya no. Para Hobson, el tema de la homosexualidad supone para la iglesia un tipo de desafío al que nunca antes se había enfrentado.[2]

¿Por qué supone tal desafío para el cristianismo? Hobson ha sugerido que el primer factor es el carácter de sí o no que posee la nueva moralidad. No hay término medio en el compromiso de la iglesia con la homosexualidad. Las iglesias o afirman la legitimidad de las relaciones y comportamientos entre personas del mismo sexo o no lo afirman.

El segundo factor de Hobson es el rápido índice de éxito de la nueva moralidad. La normalización de la homosexualidad —algo considerado como «extremadamente inmoral» durante siglos— se ha desarrollado a un ritmo vertiginoso. Ha sucedido tan rápido que la homosexualidad se considera ahora un estilo de vida legítimo y que merece protección legal. Además, como argumentó Hobson, la velocidad del éxito de la nueva moralidad «básicamente ha desplazado de su lugar de superioridad moral a la moralidad sexual tradicional».[3]

En otras palabras, la revolución sexual ha cambiado la situación del cristianismo. Desde hace mucho tiempo, la cultura general ha visto a la iglesia cristiana como la guardiana de lo que es justo y correcto. Pero ahora la situación está fundamentalmente invertida. La cultura suele identificar a los cristianos como quienes están en el lado equivocado de la moralidad. Quienes se aferran a las enseñanzas bíblicas concernientes a la sexualidad humana son ahora depuestos de la posición moral más elevada. Este cambio no es simplemente «la desaparición del tabú». Como explicó Hobson:

> La defensa de la igualdad homosexual adquiere la forma de una cruzada moral. Los que quieren mantener la vieja actitud no son solo moralistas anticuados (como ocurre con quienes desean mantener la vieja actitud hacia el sexo prematrimonial o las relaciones ilegítimas). Son acusados de deficiencia moral. El viejo tabú que rodea a esta práctica no desaparece, sino que «rebota» en aquellos que buscan mantenerla. Creo que un cambio tan brusco no tiene parangón en la historia moral.[4]

La revolución moral es ahora tan completa que se entiende que los que no se unen a ella son deficientes, intolerantes y perjudiciales para la sociedad. Lo que antes se entendía como inmoral ahora se celebra como un bien moral. La enseñanza histórica de la iglesia sobre la homosexualidad —compartida por la gran mayoría de la cultura hasta hace muy poco— se ve ahora como una reliquia del pasado y una fuerza represiva que debe ser erradicada.

Esto explica por qué el desafío de la revolución moral representa una amenaza para la totalidad del cristianismo y para su posición en las sociedades modernas. Sin embargo, aunque entendemos que esta revolución es algo nuevo, sus raíces no son recientes. De hecho, la iglesia ha presenciado la revolución sexual que se está llevando a cabo de manera intermitente durante prácticamente todo el siglo pasado. Lo que ahora queda claro es que la mayoría de los cristianos subestimaron en gran medida el desafío que representa la revolución sexual.

La fuente de la revolución sexual: la secularización de la cosmovisión occidental

El trasfondo de esta revolución es un gran cambio intelectual que ocurrió junto con la secularización de las sociedades occidentales. La era moderna ha traído muchos beneficios culturales, pero también un cambio radical en la forma en que los ciudadanos de las sociedades de hoy piensan, sienten, se relacionan y hacen juicios morales. La exaltación de la razón en la Ilustración a expensas de la revelación fue seguida por un antisupernaturalismo radical. Al mirar a Europa, es evidente que la era moderna ha alejado a toda una civilización de sus raíces cristianas, junto con los compromisos morales e intelectuales de los cristianos. Las naciones escandinavas, por ejemplo, ahora registran niveles casi imperceptibles de creencia cristiana. Cada vez es más visible eso mismo tanto en los Países Bajos como en Gran Bretaña. Los sociólogos hablan ya abiertamente de la muerte de la Gran Bretaña cristiana, y la evidencia del declive cristiano está muy presente en la mayor parte de Europa. Ese mismo declive cristiano ha llegado ahora a Estados Unidos.

En 1983, Carl F. H. Henry describió las posibilidades de futuro de las sociedades occidentales:

Si la cultura moderna quiere escapar del olvido en que cayeron las primeras civilizaciones humanas, es crucialmente imperativo recuperar, en el ámbito de la justicia y la ley, la voluntad del Dios que se revela a sí mismo. Volver a las erróneas ideas paganas de los gobernantes divinizados, o a un cosmos divinizado, o a las concepciones semicristianas de la ley natural o de la justicia natural, traerá una decepción inevitable. No todas las súplicas de autoridad trascendente sirven verdaderamente a Dios o al hombre. Al ensalzar la ley, los derechos humanos y el bienestar para su soberanía, líderes terrenales de toda índole se apropian con ansia del papel de lo divino y oscurecen al Dios vivo de la revelación bíblica. Las alternativas son claras: o volvemos al Dios de la Biblia o perecemos en el pozo de la anarquía.[5]

Por desgracia, la advertencia de Henry no ha sido escuchada y el camino de la cultura estadounidense se ha vuelto más y más secular. Con «secular» nos referimos a la ausencia de cualquier autoridad o creencia divina vinculante. La *secularización* es un proceso sociológico en el que las sociedades se vuelven menos teístas a medida que se modernizan. Conforme entran en condiciones de una modernidad más profunda y progresista, las sociedades se alejan de la fuerza vinculante de las creencias religiosas, y de las creencias teístas en particular.

El filósofo canadiense Charles Taylor ha descrito de una manera convincente la historia de la transición de la sociedad occidental al secularismo. En su libro *La era secular*, Taylor describió la era premoderna como una época en la que *era imposible no creer*. En otras palabras, la creencia en Dios no tenía alternativas intelectuales en Occidente. No había un conjunto alternativo de explicaciones para el mundo y sus acciones, ni para el orden moral. Todo eso cambió con la llegada de la modernidad. En la era moderna, surgió una alternativa secular al teísmo cristiano y se hizo *posible no creer*. Pero durante este tiempo el teísmo era todavía intelectual y culturalmente viable. Sin embargo, como señalaba

Taylor, esos días han quedado atrás. En nuestra época posmoderna ya se considera *imposible creer*.

Significativamente, Taylor señala esta incredulidad como una falta de compromiso cognitivo con un Dios que existe en sí mismo y se revela. La secularización no consiste en rechazar toda religión. De hecho, incluso los hipersecularizados estadounidenses se consideran con frecuencia religiosos o espirituales. La secularización, según Taylor, consiste en el rechazo de una creencia en un Dios personal, un Dios que tiene y ejerce autoridad.[6]

Las implicaciones de este cambio de cosmovisión son enormes. Por ejemplo, a la luz de estas condiciones intelectuales de hoy, la socióloga Mary Eberstadt ha señalado que «está claro que en grandes zonas de la Cristiandad occidental actual, muchas personas sofisticadas creen que las iglesias no tienen autoridad alguna para constreñir la libertad individual».[7]

Esto puede ser cierto, pero la iglesia no puede abdicar de su responsabilidad de contar la verdad cristiana en la era posmoderna. Las condiciones seculares lo hacen más problemático y difícil, incluso aparentemente imposible. Nuestra cultura se está volviendo cada vez más resistente a un Dios —cualquier dios— que nos hable con palabras como «Harás» o «No harás» tal o cual cosa. El hecho de que los cristianos participemos en todas las conversaciones como creyentes en el Señor Jesucristo que estamos ligados a la revelación bíblica implica que la sociedad nos etiquetará como proscritos intelectuales, que rompemos las reglas de participación al acudir a un Creador personal y a la autoridad divina.

Sin embargo, la razón de ser de la iglesia es contar explícitamente la verdad cristiana. Como escribió Pedro: «Mas vosotros sois linaje escogido, real sacerdocio, nación santa, pueblo adquirido por Dios, para que anunciéis las virtudes de aquel que os llamó de las tinieblas a su luz admirable» (1 P 2.9). El Dios de la Biblia ha enviado a su iglesia al mundo para decir la verdad sobre él, sobre sus leyes y mandamientos, sobre su gracia y amor, y, lo más importante, sobre el evangelio de Jesucristo.

La revolución sexual estadounidense

Hoy asistimos nada menos que a una revolución total en la moralidad sexual. Y una revolución moral es muchísimo más importante que un simple cambio moral. A nuestro alrededor suceden cambios morales y pueden resultar en transiciones culturales positivas. Por ejemplo, como crecí en la década de 1960, puedo recordar representaciones positivas y cómicas del comportamiento de los borrachos en la televisión. Pero en los medios de comunicación de hoy sería imposible presentar a Otis, el borracho bonachón de *The Andy Griffith Show*. Esto se debe al importante cambio en el juicio moral sobre el alcohol y la conducción bajo sus efectos. Una exitosa campaña contra la conducción en estado de ebriedad ha convertido lo que en los años cincuenta se consideraba una pequeña indiscreción en lo que ahora se entiende, muy acertadamente, como un delito grave. El aumento de la criminalización y de la sanción moral contra la conducción bajo los efectos del alcohol resultó de una sociedad que se enfrentó cara a cara con los horribles daños causados por la conducción en estado ebrio.

Este tipo de cambio moral ocurre en toda clase de asuntos, pero de una manera que puede ser absorbida en la trayectoria moral general de una cultura. En otras palabras, el cambio moral requiere normalmente un período de tiempo bastante largo, y se produce de una manera consistente con los compromisos morales de una cultura.

Una *revolución moral* representa exactamente lo contrario de ese patrón. Lo que estamos experimentando ahora no es el resultado lógico de las enseñanzas de Occidente sobre la sexualidad humana influenciadas por los cristianos, sino el repudio de las mismas. Este es un tipo radicalmente distinto de cambio moral y representa un desafío que está dejando a muchos cristianos confundidos y aturdidos; a algunos, enojados y ansiosos; y a otros, planteando preguntas difíciles acerca de cómo debe responder la iglesia en estos tiempos de crisis.

Todo esto debe situarse en el contexto general de los cambios que han transformado la forma de *pensar* de la mayoría de la gente en las sociedades occidentales. La revolución moral es parte de un cambio sísmico en la cultura occidental que se ha producido durante los últimos dos siglos. En ese lapso, los grandes cambios sociales han transformado la forma en que las personas de las economías industrializadas avanzadas viven, se relacionan entre sí y con el mundo en general. Si esto suena a exageración, basta con considerar el hecho de que a principios del siglo veinte la mayoría de los estadounidenses vivía en un contexto rural, formando parte de una familia extendida y con un espectro de movilidad geográfica que solía reducirse a un área muy pequeña. La idea de que los seres humanos se verían lanzados de costa a costa en una economía avanzada y que el trabajo pasaría de la labranza de la tierra a lo que ahora se describe como «trabajo del conocimiento» habría sido inconcebible. Estas transformaciones culturales han tenido un impacto singular en la familia, que se ha visto despojada de muchas de sus defensas y separada del contexto más amplio del parentesco y la familia extendida.

Un artículo en *Bloomberg Businessweek* sobre el cambio de patrones en la dieta americana demuestra también cómo las revoluciones morales pueden surtir efecto con rapidez. Como explicaban sus autores: «los cambios culturales no se producen de la noche a la mañana. Se construyen lentamente, un sorbo de agua de coco aquí, una compra de quinoa allá, y de repente la dieta americana es drásticamente distinta de la de hace diez años».[8] De hecho, la mayoría de nosotros podemos reconocer esto con solo mirar nuestra mesa a la hora de cenar.

Pero ahora imagina que ese mismo proceso se extendiera hacia el ámbito de la moral y de las cuestiones importantes de la vida. En realidad, se ha producido el mismo tipo de proceso. Así como a menudo los cambios en la dieta tienen lugar sin darnos cuenta, lo mismo ocurre con el gran cambio en la moralidad que está ocurriendo a nuestro alrededor, y no podemos decir que no hemos sido advertidos.

Escribiendo en 1956, Pitirim Sorokin hizo sonar una alarma sobre lo que él llamó la «Revolución sexual americana». Sorokin, el primer profesor de Sociología y más tarde jefe de ese departamento en la Universidad de Harvard, fue un profeta moral. Como miembro de la élite intelectual de Harvard, Sorokin representaba al modo general de ver la moralidad en Estados Unidos en ese momento, y estaba profundamente alarmado por la revolución sexual que tenía lugar a su alrededor.

Entre los muchos cambios de las últimas décadas se ha producido una peculiar revolución en la vida de millones de hombres y mujeres estadounidenses. A diferencia de las revoluciones políticas y económicas más conocidas, esta pasa casi desapercibida. Sin ruidosas explosiones públicas, sus tormentosos escenarios se reducen a la privacidad del dormitorio e involucran solo a particulares. No está marcada por acontecimientos impresionantes a gran escala y no tiene nada de guerra civil, lucha de clases ni derramamiento de sangre. No posee un ejército revolucionario para luchar contra sus enemigos. No intenta derrocar gobiernos. No tiene un gran líder; no hay héroe que la planifique ni oficina política que la dirija. Sin plan ni organización, la llevan a cabo millones de individuos, cada uno actuando por su cuenta. No ha aparecido *como revolución* en las primeras planas de nuestra prensa, ni en la radio ni en la televisión. Se llama revolución del sexo.[9]

Hay una fuerza especial en el uso que hace Sorokin de la palabra «revolución». De una manera que la mayoría de nosotros ni siquiera podemos concebir, Sorokin sabía cómo se produjeron las revoluciones y la carnicería que a menudo dejaron a su paso. Nacido en Rusia, Sorokin fue condenado a muerte por el último emperador, el zar Nicolás II. Se libró de esa sentencia de muerte y más tarde sirvió como secretario privado del gobierno interino que ejerció en funciones tras la muerte del zar. Condenado a muerte una vez más, fue finalmente desterrado por Vladimir Lenin, un suceso que lo llevó a trasladarse a Estados Unidos y a acabar en la Universidad de Harvard. En otras palabras, Sorokin usó la palabra «revolución» para plantear algo que ninguna otra palabra transmitiría igual. Ya en 1956 vio cómo el mundo se volvía del revés; vio que la revolución sexual venía con toda su fuerza.[10]

La idea de una revolución sexual se remonta al siglo diecinueve, cuando los intelectuales de Europa comenzaron a rechazar la moralidad sexual heredada en la civilización occidental de la tradición cristiana. Impulsados por el deseo de redefinir el amor y el sexo para una nueva era, estos intelectuales argumentaron que la moralidad sexual cristiana era inherentemente represiva y que para los seres humanos la verdadera libertad solo podía llegar si se derrocaba y subvertía la moralidad sexual derivada de la Biblia.

En su mayor parte, los llamamientos a una revolución sexual en el siglo diecinueve se limitaron sobre todo a una clase de cohibidos intelectuales liberales que vivían principalmente al margen de las culturas del *establishment* de Europa y Estados Unidos. Todo eso comenzó a cambiar en el siglo veinte, cuando se produjeron grandes cambios en las sociedades occidentales con los cataclismos de las dos guerras mundiales, la nueva era industrial y el surgimiento de un espíritu revolucionario generalizado. En un período de tiempo bastante corto, muchas de las ideas que habían estado limitadas a cierta franja intelectual se debatían en sectores más importantes de la sociedad. El mundo académico también comenzó a prestar seria atención a estas transformaciones, impulsado por un giro significativo hacia la autonomía individual y la idea de que muchos de los problemas a los que se enfrentaba el hombre moderno eran en realidad producto de la presencia represiva de la tradición moral cristiana.

En Estados Unidos, el siglo veinte comenzó con leyes en prácticamente todas las comunidades que criminalizaban las formas de comportamiento sexual consideradas aberrantes. Estas comunidades también reconocían el matrimonio entre un hombre y una mujer como el único contexto apropiado para el comportamiento sexual, la procreación y la crianza de los hijos. Si damos un salto hasta finales del siglo veinte, la pornografía es omnipresente, a solo un clic de distancia de la pantalla del ordenador más cercano. Ya es casi imposible violar la definición legal de obscenidad, y los quioscos de prensa ofrecen material sexualmente explícito como entretenimiento convencional. Se han redefinido los códigos legales para que la única cuestión que cuente en la penalización de la conducta sexual sea el factor consentimiento. En general, la despenalización de lo que se consideraba conductas sexuales aberrantes estaba prácticamente culminada en los primeros años del siglo veintiuno.

Otro desarrollo interesante en todo esto es que la revolución sexual fue tan exitosa que la mayoría de los estadounidenses que viven hoy ni siquiera reconocen que se produjo. Sin embargo, una comparación de la cultura estadounidense de 1950 con la actual revela que la revolución sexual ha alcanzado casi todos los rincones de la cultura y todas las dimensiones de la vida. Como observó Lillian B. Rubin en su libro *Erotic Wars: What Happened to the Sexual Revolution?* [Guerras eróticas: ¿Qué pasó con la revolución sexual?]:

> En la esfera pública, el sexo nos grita desde todos los ángulos: desde nuestras pantallas de televisión y de cine, desde las vallas publicitarias de nuestras carreteras, desde las páginas de nuestras revistas, desde los anuncios comerciales, ya sea para vender automóviles, jabón o ropa interior. Los estantes de las librerías están repletos de volúmenes sobre el sexo, todos ellos dedicados a decirnos qué hacer y cómo hacerlo. Los

programas de entrevistas de televisión presentan discusiones solemnes sobre pornografía, impotencia, sexo prematrimonial, sexo conyugal, sexo extramatrimonial, sexo en grupo, parejas sexualmente liberadas, sadomasoquismo, y tantas otras variantes de comportamiento sexual como sus productores puedan concebir, ya sean ordinarias o estrafalarias. Incluso las tiras cómicas ofrecen presentaciones explícitas de todos los aspectos de la sexualidad adulta.[11]

¿Qué es lo que impulsa la revolución sexual?

El siglo veintiuno pasará a la posteridad como el siglo del mayor cambio en la moralidad sexual en la historia de la civilización occidental. Pero, aunque nuestro siglo está abriendo nuevos surcos de revolución moral, el hecho es que las semillas se plantaron en el siglo veinte. La pregunta sigue siendo: ¿cómo ha sucedido todo esto?

Ya hemos visto que la revolución sexual no apareció de la nada. Las sociedades modernas crearon para la revolución moral un contexto que nunca antes había existido. Tenían que prevalecer ciertas condiciones culturales para que la revolución lograse la repercusión que necesitaba para tener éxito.

Uno de estos factores fue el aumento de la urbanización. Por extraño que parezca, aunque la ciudad es una concentración de seres humanos, en realidad ofrece una oportunidad sin precedentes para el anonimato. Muchos observadores de la revolución sexual señalan el hecho de que, desde el principio, la revolución sexual fue una revolución *cosmopolita*, que surgió primero en las ciudades y luego se extendió al resto de la cultura.

Del mismo modo, los avances tecnológicos también impulsaron la revolución sexual. La tecnología anticonceptiva, en particular, ha acelerado la revolución sexual. Dicho sin rodeos, siempre que las relaciones sexuales entre un hombre y una mujer implicaran la posibilidad de embarazo, habría control biológico de la actividad sexual extramatrimonial. Una vez que llegó la píldora, con todas sus promesas de control reproductivo, el control biológico de la inmoralidad sexual que había moldeado la existencia humana desde Adán y Eva quedó eliminado casi al instante.

En estrecha relación con estos avances en la tecnología anticonceptiva estaba la llegada de los «expertos en sexo». Las supuestas investigaciones de Alfred Kinsey o del equipo de Masters and Johnson le dieron a la revolución sexual un halo de autoridad científica.[12] Dichas investigaciones las pregonaron, por ejemplo, las élites intelectuales de Estados Unidos como prueba de que los estadounidenses vivían en la práctica según un código moral que ya era diametralmente opuesto a lo que enseñaba el cristianismo. Pero las investigaciones de Kinsey eran fraudulentas desde el principio: «un engaño total», según la autora Sue Browder. Sin embargo, como señaló Browder, en los últimos cincuenta años, el «kinseyismo» se ha utilizado «para influir en las decisiones de los tribunales, aprobar leyes, introducir la educación sexual en nuestras escuelas e incluso impulsar una redefinición del matrimonio».[13]

La revolución también exigía cambios enormes en la ley. Se necesitaba una revolución legal para revisar las leyes que restringen el comportamiento sexual y penalizan ciertas conductas. La misma revolución en la ley acabaría con el tiempo redefiniendo el matrimonio mismo para eliminarlo como la expectativa central y como límite para todas las relaciones sexuales legítimas.

A mediados de la década de 1970, en Estados Unidos se había preparado la mayor parte del cimiento jurídico para la revolución sexual. Prácticamente, lo único que faltaba era la normalización de la homosexualidad. El Tribunal Supremo anuló todas las leyes penales que prohibían la conducta consensuada entre personas del mismo sexo en el caso de Lawrence contra Texas, en 2003. Luego, en 2013, en el caso de Estados Unidos contra Windsor anuló la definición del gobierno federal del matrimonio exclusivamente como la unión entre un hombre y una mujer. Así, para el año 2013, quedaba muy poco de la correspondencia entre la ley estadounidense y las convicciones morales que habían dado forma a la sociedad apenas un siglo antes.

Esta revolución en la ley vino precedida por una revolución en el pensamiento académico estadounidense que alimentó las futuras decisiones de los tribunales. Durante las décadas de 1930 y 40, incluso antes de los informes Kinsey, profesores e intelectuales estadounidenses destacados comenzaron a hablar de la moralidad sexual heredada como algo represivo, haciéndose eco de voces marginales que apenas medio siglo antes se consideraban peligrosamente radicales. Es curioso que cuando, tras la Segunda Guerra Mundial, Estados Unidos entró en un período de gran estabilidad familiar, los cimientos intelectuales se tambalearon tanto que, a finales de la década de 1950, destacados académicos hablaban de la familia natural y de la vida en los barrios residenciales como ejemplos de lo que los estadounidenses deberían reconocer como una existencia artificial, moldeada por una moral sexual represiva y expectativas culturales falsas.

En la década de 1990, las instituciones académicas más respetadas de Estados Unidos contaban con departamentos dedicados enteramente al estudio y la promoción de las teorías más extrañas y exóticas de la sexualidad humana, y a menudo también de su práctica. Muchos de estos académicos e intelectuales argumentaban que toda la moralidad era meramente social y que, en general, la establecían las autoridades represoras para preservar su poder. Así, el impulso hacia la liberación, que se veía como motor de la dinámica democrática en gran parte del mundo, se extendió a la moral con el argumento explícito de que, como parte del proyecto de democracia y libertad, hay que liberar a las personas identificadas como integrantes de «minorías sexuales».

Por supuesto, estas nuevas ideologías acabaron llegando a las escuelas secundarias e incluso a las primarias. Cuando el niño estadounidense promedio se gradúe en una escuela pública, habrá sido bombardeado con la propaganda de los revolucionarios de la moral. En muchos sistemas y distritos escolares, los padres ni siquiera tienen una disposición de «exclusión voluntaria» para retirar a sus hijos de estos programas de educación sexual.

Por supuesto, nada de esto habría sido posible si el cristianismo hubiera mantenido una voz fundamental y la capacidad de hablar con voz profética a la cultura general sobre asuntos relacionados con el matrimonio, el sexo y la moralidad. Sin embargo, a finales del siglo veinte, el proceso de secularización había dado tal forma a las sociedades occidentales, y a Estados Unidos en particular, que la autoridad moral de la iglesia cristiana estaba ya en gran medida neutralizada, sobre todo entre las élites culturales e intelectuales. Aun cuando la gran mayoría de los estadounidenses continuaría identificándose como cristianos de alguna clase, estaba claro que el poder de contención de la moralidad bíblica ya no tenía el respeto de la sociedad general ni de quienes poseían la mayor influencia sobre los sectores de la élite de la nación. Para la segunda década del siglo veintiuno, el Pew Research Center reportó que el veinte por ciento de los estadounidenses declaran que su identificación religiosa es «ninguna», y esto aumentó hasta el treinta por ciento entre los estadounidenses más jóvenes.[14] Además, estos estadounidenses más jóvenes, los que han sido más intensamente moldeados por la revolución moral, señalaban un distanciamiento cada vez mayor del cristianismo y su moralidad y una mayor aceptación de las normas de la revolución sexual.

La revolución sexual y la muerte de la moral

La búsqueda posmoderna de la liberación sexual no puede ser neutral cuando se trata de las enseñanzas de la Biblia y del testimonio moral del cristianismo histórico. La inevitable colisión entre los dos se ve muy clara cuando escuchamos a los revolucionarios del sexo. Por ejemplo, John Heidenry, que traza lo que él llama «el auge y caída de la revolución sexual», mira hacia el futuro y argumenta:

> El camino hacia la liberación sexual, aunque es largo y difícil, no es interminable. Algún día encontraremos el valor para declarar que la libertad de expresión sexual no significa tan solo licencia para desechar las inhibiciones sexuales. Significa más bien la libertad de amar a otra persona sobre una base de consentimiento entre adultos sin temor a castigo o reproche. Tal libertad implica que el sexo es moralmente neutro, una posición cada vez más compartida por algunos elementos ilustrados dentro de las tradiciones cristiana y judía. Por último, la libertad universal de expresión sexual significa que ningún grupo sexual tiene derecho a afirmar su superioridad moral, ni tiene ninguna base que regule el comportamiento sexual consentido entre adultos de ningún otro grupo.[15]

El aspecto más importante del argumento de Heidenry es su convicción de que la revolución sexual no podrá completarse hasta que deje de haber una «base moral superior» sostenida por alguna forma de moralidad sexual, siempre y cuando estén involucrados adultos y den su consentimiento a la actividad. En su opinión, cualquier moral que vaya más allá de eso es falsa y opresiva. Obsérvese también que señala lo que él identificó como «elementos ilustrados dentro de las tradiciones cristianas y judías» como factores que contribuyen a alimentar su revolución. Por supuesto, esos «elementos ilustrados» son los que procuran vaciar las enseñanzas centrales y nucleares del cristianismo y el judaísmo de modo que ya solo permanezcan la revolución sexual y el relativismo moral.

Y eso nos lleva de vuelta a donde empezamos: la observación de Theo Hobson de que la revolución moral a la que nos enfrentamos le plantea a la iglesia cristiana lo que él ve como un desafío casi insuperable, porque la situación actual en la cultura parece exigir el abandono de prácticamente todo lo que los cristianos han conocido de la Biblia y de todo lo que la iglesia cristiana ha enseñado durante dos mil años. Comprender el desafío que tenemos delante es un primer paso necesario, pero la iglesia cristiana está llamada no solo a comprender el desafío, sino a responder a él con fidelidad. Como bien advirtió Flannery O'Connor, nuestra responsabilidad es «empujar con tanta fuerza como la era que empuja contra nosotros». Eso va a suponer un monumental acto de fidelidad para la iglesia cristiana de esta generación, pero, como debemos entender con toda claridad, cualquier cosa por debajo de eso significará el abandono del cristianismo.

2

ESTO NO COMENZÓ CON EL MATRIMONIO ENTRE PERSONAS DEL MISMO SEXO

La oposición a la manera cristiana de entender el sexo y el matrimonio no comenzó con la llegada del matrimonio homosexual. Mucho antes de que los que mantienen relaciones homosexuales tuvieran esperanzas realistas de que se reconocieran legalmente sus uniones, los heterosexuales de la época moderna parecían estar logrando ellos solos el debilitamiento y la puesta en riesgo de la estructura del matrimonio. Para entender esto, primero tenemos que echar un vistazo a algunos de los principales cambios intelectuales y culturales que llevaron al colapso de la moralidad cristiana entre los heterosexuales.

Toda consideración sobre el debilitamiento del matrimonio en el último siglo debe tener en cuenta cuatro cambios fundamentales: el control de la natalidad y la contracepción, el divorcio, las tecnologías reproductivas avanzadas y la cohabitación. Se necesitan los cuatro juntos para dar lugar a la revolución sexual tal como la conocemos en la actualidad. La redefinición del matrimonio no podría haber ocurrido sin estos cuatro cambios.

Control de la natalidad y anticonceptivos

La llegada de los anticonceptivos modernos cambió la historia de la humanidad, y la revolución sexual se vio impulsada por la separación entre sexo y procreación. Muchos evangélicos consideran que el control de la natalidad y las tecnologías anticonceptivas son características de la era moderna que pueden utilizarse sin mucha reflexión moral o bíblica. No siempre fue así. De hecho, el uso de medidas para el control de la natalidad lo condenaban todas las denominaciones cristianas a principios del siglo veinte. Si esta afirmación te sorprende, considera la magnitud de la revolución moral que se refleja en tu sorpresa.

Históricamente, la iglesia cristiana condenó el control de la natalidad porque siempre ha tratado de defender el valor y la dignidad de los hijos. Los cristianos han entendido siempre que los hijos son, en toda circunstancia, un don divino. Esta afirmación fue tan crucial para el cristianismo a lo largo de los siglos que los temas del control de la natalidad, el aborto y el infanticidio se consideraron en gran medida una misma cosa. La iglesia cristiana siempre se ha preocupado por promover la idea de que hay que aceptar con agrado la llegada de los hijos y que no hacerlo es en sí mismo un acto de infidelidad.

La primera iglesia que rompió con la tradición cristiana al aprobar el control de la natalidad y la anticoncepción fue la Iglesia de Inglaterra. La Conferencia de Lambeth, en 1930, la reunión periódica de los obispos de la Iglesia de Inglaterra y de la Comunión Anglicana, estableció el contexto en que aparecieron los argumentos para la aceptación del control de la natalidad. Estos argumentos surgieron del deseo de la iglesia de responder a los problemas particulares planteados por la era moderna, el exceso de población de las ciudades británicas y la demanda de las parejas de tener más control sobre su destino reproductivo.

La preocupación por la superpoblación, impulsada en gran medida por las teorías de Thomas Malthus, llevó a muchos a temer que el mundo muriera de hambre por el aumento de la población. Estos temores, que siguen recibiendo impulso por parte de un régimen moral que es activamente *antinatalista*, están comprometidos con reducir la tasa de natalidad. Esto contradice el hecho de que el verdadero desafío demográfico de nuestros tiempos es el envejecimiento de la población, con muy *pocos* nacimientos en lugar de demasiados.

Los primeros observadores sociales también señalaron la pobreza de las grandes ciudades como Londres y sugirieron que el control de la natalidad era necesario para limitar la propagación de las patologías sociales. En Estados Unidos, figuras como Margaret Sanger, que fundó la organización luego conocida como Planned Parenthood, presentaron argumentos similares. Pero Sanger, junto con muchos de los otros primeros activistas por el control de la natalidad, tenía su motivación en la teoría de la eugenesia, una visión y movimiento abiertamente racista que operaba bajo el lema «De los que encajan bien, más; de los que no, menos».[1] El racismo inherente tras el movimiento de control de población, y el del aborto, supone ahora una terrible vergüenza para el movimiento de control de la natalidad. Sin embargo, ese fue uno de los argumentos que dio impulso político y ayudó a la demanda de que se normalizara y legalizara el control de la natalidad.

En Estados Unidos, la mayoría de las denominaciones protestantes se resistieron a la tentación de apoyar el control de la natalidad y la anticoncepción, aunque varias de las denominaciones más liberales habían comenzado a adaptarse a la mentalidad de control de la natalidad a mediados del siglo veinte. Los evangélicos, en su mayor parte, simplemente ignoraron el tema. Habían dedicado su energía a tantas otras cuestiones morales que el control de la natalidad escapó en gran medida de su foco de atención. Esto sentó las bases para que los cristianos conservadores, cuando tuvo lugar la revolución anticonceptiva impulsada por el desarrollo y la disponibilidad de «la píldora» a principios de la década de 1960, fueran esencialmente absorbidos por ella. Ahora resulta chocante mirar atrás y ver el escaso debate que hubo entre los evangélicos en ese momento.

Tuvo lugar un cambio clave en el debate cristiano cuando el papa Pablo VI publicó su encíclica *Humanae Vitae*, en 1968. El papa sorprendió y decepcionó a muchos católicos que creían que la Iglesia Católica respondería a la pregunta sobre la anticoncepción con al menos cierto permiso modificado para los anticonceptivos artificiales. Pero el pontífice cerró definitivamente la puerta a cualquier método anticonceptivo artificial, declarando que las parejas católicas deben estar abiertas al don de los hijos en todas y cada una de las relaciones sexuales que mantengan. La Iglesia Católica basó su razonamiento moral en la tradición cristiana clásica y en la apropiación católica de la ley natural. Los evangélicos, obligados, al menos en parte, por las cuestiones que planteaba la nueva definición de la posición católica, parecían estar muy agradecidos por no tener un papa que declarara tal cosa. La mayoría de los evangélicos parecían pensar que el control de la natalidad era una preocupación de los católicos romanos y que los evangélicos no debían entender que la anticoncepción traía consigo cuestiones teológicas o morales urgentes. Sin embargo, fueron los evangélicos, y no los católicos, quienes se salieron de la corriente cristiana principal en lo referente a aprobar el control artificial de la natalidad.[2]

En última instancia, la disponibilidad del control de la natalidad de una forma confiable, sobre todo con la píldora, desencadenó la revolución sexual. Mientras existió una relación predecible entre el acto sexual y un potencial embarazo, el intenso control biológico sobre el sexo fuera del matrimonio ejerció de barrera contra la inmoralidad sexual. Una vez eliminada esa barrera, el sexo y los hijos se convirtieron en dos cuestiones separadas y el sexo se redefinió como una actividad que no tenía ninguna relación necesaria con el don de tener hijos. La eliminación de la ecuación moral del sexo vinculado a tener hijos es de una importancia inconmensurable.

El control de la natalidad se convirtió también en la oportunidad para cambios más radicales que permitieron e impulsaron la revolución sexual. Cuando se cuestionaron en el ámbito legal las restricciones al acceso al control de la natalidad, se abrió otra vía para que progresara la revolución sexual. Lo que es más importante, la sentencia del Tribunal Supremo de Estados Unidos en el caso Griswold contra Connecticut (1965) declaró que los estadounidenses *casados* tenían derecho a acceder al control de la natalidad en virtud del derecho a la privacidad, garantizado por la Constitución. En su famosa sentencia, el juez William O. Douglas reconoció que en el texto de la Constitución no se encontraba ese derecho de forma explícita, pero afirmó haber encontrado el derecho a la intimidad, incluido el derecho al acceso a los anticonceptivos, en lo que él definió como «penumbras», que estaban «formadas por emanaciones de las garantías que contribuyen a darles vida y sustancia».[3]

Ese extraño lenguaje legal se convirtió en la receta que impulsó la revolución sexual a toda velocidad. El juez Douglas «encontró» un derecho a la privacidad en la esfera sexual que ninguna generación anterior creyó que los autores de la Constitución tuvieran en mente en absoluto. Reconoció, con toda franqueza, que el derecho que había encontrado en la Constitución no se hallaba en sus palabras literales. Por eso tuvo que hablar de «penumbras» y «emanaciones» que salían de la Constitución.

Para entender cómo esto alimentó la revolución sexual, considérese cómo ese mismo tipo de razonamiento legal llevó al tribunal a «encontrar» el derecho de la mujer a abortar o el derecho de la pareja homosexual a casarse. Este enorme cambio en la ley estadounidense tuvo sin duda precursores, pero podemos mirar hacia atrás a la anticoncepción como cuestión clave del caso Griswold para entender cómo los tribunales se convirtieron en los motores principales de la revolución sexual.

La revolución moral en el asunto de la anticoncepción se avivó siete años más tarde, cuando en 1972 el Tribunal Supremo dictó sentencia en el caso *Eisenstadt contra Baird*. Esta sentencia anuló una ley de Massachusetts que prohibía la prescripción y distribución de anticonceptivos a parejas *no casadas*. Es evidente que el Tribunal Supremo ya había marginalizado el matrimonio, y la unión matrimonial ya no era el modelo del contexto moral para la actividad sexual legítima en Estados Unidos. Por lo tanto, si se añade el desarrollo del control de la natalidad a los esfuerzos legales del Tribunal Supremo de Estados Unidos, la receta para una revolución moral estaba casi completa.

En años más recientes, muchos evangélicos han comenzado a reconsiderar la moralidad del control de la natalidad y la anticoncepción y, en el lado positivo, han llegado a afirmar la bondad incondicional del don de los hijos. Aun cuando no acepten la admonición católica de que todos y cada uno de los actos sexuales del *matrimonio* deben estar igualmente abiertos al don de los hijos, los evangélicos deben afirmar que todo matrimonio tiene que estar abierto al don de los hijos y que, en caso de que se produzca un embarazo, debe verse como un don incondicional y no como una imposición. Sin embargo, la falta de un compromiso evangélico serio con la llegada del control de la natalidad preparó el terreno para el fracaso evangélico a un nivel aún mayor, y ese fracaso está relacionado con el tema del divorcio.

El divorcio

Al igual que el control de la natalidad, el divorcio era inconcebible para la mayoría de los cristianos de la historia de la iglesia cristiana. Cuando se permite legalmente, es bajo condiciones muy restrictivas en las que debe atribuirse a una u otra parte alguna culpa (por lo general, adulterio) que, por motivos legales creíbles, justifique un divorcio. Por lo tanto, sin tener que excusarse por ello, los tribunales arraigados en la tradición occidental trataban el matrimonio con tal respeto que la disolución del mismo requería un proceso legal complicado y, a menudo, muy doloroso. Pero la dificultad de estos procesos legales no carecía de sentido. Su objetivo era resaltar el valor del matrimonio y el desastre que representa toda ruptura matrimonial. De hecho, como dijo una vez el escritor Pat Conroy, todo divorcio es «la muerte de una pequeña civilización».[4] La iglesia cristiana, a la que se ha unido el Estado secular, ha afirmado durante siglos la responsabilidad de la civilización más grande de proteger a cada una de esas pequeñas civilizaciones.

Sin embargo, en los albores del siglo veinte, las teorías de la liberación sexual y los cambios en la ley comenzaron a apuntar a una posible relajación de las restricciones sobre el divorcio legal. Durante el mismo período, muchas personas, ayudadas e incitadas por el sistema legal, adoptaron básicamente una fórmula de hipocresía, admitiendo o imputando cierta culpa por motivos legales para obtener el divorcio. Al mismo tiempo, cuando el trauma del divorcio terminaba en juicio, era, como a menudo afirmaban los críticos de la ley de divorcio existente, un proceso verdaderamente agotador y rebosante de miseria humana.

En la década de 1960, los esfuerzos para facilitar el divorcio y eliminar el estigma y el dolor del proceso judicial condujeron al desarrollo de lo que se conoció como divorcio *sin culpa*. El divorcio sin culpa se le vendió a la población como un esfuerzo humanizador para permitir que los matrimonios que fueron declarados «irremediablemente rotos» se disolvieran sin que fuera necesario acudir a los tribunales, sin testimonios dolorosos y sin la necesidad de buscar la culpa. La primera gran ley de divorcio sin culpa la firmó el entonces gobernador de California, Ronald Reagan, en 1969. Reagan, que era divorciado, consideraba que la ley de divorcio tradicional era inhumana y que, por lo tanto, el divorcio sin culpa era un medio más humano de hacer frente a los conflictos conyugales.

Sin embargo, pronto se hizo evidente que la llegada del divorcio sin culpa significó que la revolución anticonceptiva fuera seguida por otra ola revolucionaria. Las consecuencias para el matrimonio fueron catastróficas. El divorcio sin culpa, pronto disponible de una u otra forma en prácticamente todos los estados, se convirtió en la norma en Estados Unidos a finales del siglo veinte. La tasa de divorcios se disparó, dando lugar a patologías que los «muy humanos» defensores del divorcio sin culpa no habían previsto o no habían considerado debidamente.

Por ejemplo, la llegada del divorcio sin culpa, fácilmente obtenible y en muchos casos incontestable por el cónyuge, no solo llevó a la desintegración de las familias, sino también a una pandemia de hijos abandonados. Los efectos devastadores que la ausencia de los padres causó en los niños, y en los chicos en particular, son de sobra conocidos y están bien documentados. Además, en casi todos los casos, el padre, por lo general, se encontraba en una posición económica más fuerte cinco años después del divorcio. Por el contrario, la esposa y los hijos abandonados tras un divorcio sin culpa se encontraban en la mayoría de los casos en problemas económicos.

En definitiva, el divorcio sin culpa se convirtió, se reconozca o no, en una forma de hacer que todos los matrimonios sean provisionales. De este modo, el matrimonio pasó de ser un pacto a ser un mero contrato y, como muchos de los defensores del divorcio fácil expresaron con claridad, un contrato «como cualquier otro» que debería considerarse vigente solo en la medida en que ambas partes se sientan igualmente comprometidas con dicho contrato. Pero, como se ve claro con un análisis del matrimonio a lo largo de la historia, esta institución nunca ha funcionado como un simple contrato. Solo perdura y sirve a sus propósitos dentro de la sociedad humana si se entiende como un pacto que requiere el compromiso, no solo del hombre y de la mujer que entran en él, sino de toda la civilización, de respetarlo y protegerlo de la invasión, de la subversión y de ser socavado por fuerzas tanto internas como externas.

Por desgracia, en el problema del divorcio, si la sociedad fracasó, la iglesia cristiana lo hizo aún más inexcusablemente. El mundo secular puede haber visto la tradición legal occidental como algo que podía enmendarse o cambiarse conforme a las normas morales modernas y a la demanda popular, pero los cristianos, supuestamente ligados a las Escrituras y a las verdades perennes del cristianismo, debieron haber entendido que la revolución del divorcio chocaba directamente contra las claras enseñanzas de la Biblia. El divorcio sin culpa es un rechazo de la idea bíblica del pacto que se encuentra en el corazón mismo del evangelio cristiano. Sin embargo, las iglesias cristianas se rindieron por lo general a la revolución del índice de divorcios y renunciaron a su responsabilidad moral y bíblica de defender el matrimonio en su esencia como pacto.

Hubo muchos factores detrás de este fracaso. Por un lado, un número cada vez mayor de iglesias y denominaciones cristianas, rindiéndose a la ética general de la autonomía de la persona, renunció a la responsabilidad de la disciplina eclesiástica. Al igual que muchas autoridades seculares habían defendido el divorcio sin culpa como una forma de superar la hipocresía del antiguo sistema de la ley de divorcio, muchos cristianos comenzaron a abogar por el abandono de la disciplina bíblica de la iglesia debido a la hipocresía que a veces corrompía ese proceso. Pero destruir el matrimonio es un precio demasiado alto para evitar el riesgo de hipocresía.

Otro factor subyacente a la entrega evangélica a la cultura del divorcio fue la fuerte alineación entre el cristianismo y el cristianismo cultural. Desde un punto de vista teológico, el problema del cristianismo cultural es que la cultura siempre prevalece sobre el cristianismo. El divorcio fue un buen ejemplo de que, cuando la cultura perdió la cabeza en cuanto al matrimonio, muchísimas iglesias decidieron unirse a la irracionalidad. Así, las iglesias evangélicas comenzaron a tratar el divorcio como un asunto sin importancia, aun cuando la Biblia contiene las afirmaciones más fuertes imaginables sobre la perpetuidad del matrimonio y la pecaminosidad del divorcio. De hecho, en una de las declaraciones más fuertes de las Escrituras, Dios afirma que él «detesta» el divorcio (Mal 2.16 LBLA).

Dios dio el matrimonio a sus criaturas humanas como uno de sus mayores dones, pero lo concibió como un pacto, no como un mero contrato. El antiguo lenguaje del *Libro de oración común*, que continúa resonando en las ceremonias matrimoniales hasta el día de hoy, incluye el mandamiento de que «a quienes Dios ha unido, nadie los separe». Sin embargo, muchos de los pastores que repetían esas palabras al final de cada ceremonia nupcial hacían la vista gorda cuando los miembros de su propia congregación violaban ese compromiso al pedir y obtener el divorcio.

Para explicar el asunto con la mayor claridad posible, la renuncia evangélica a la responsabilidad por el divorcio preparó el terreno para la pérdida de la credibilidad evangélica al hablar sobre el tema general de la sexualidad y el matrimonio. Seamos claros, la iglesia tiene ahora enormes problemas de credibilidad a la hora de hablar de las «claras enseñanzas de la Biblia» sobre el matrimonio.

Por supuesto, al fracaso en un área no debe seguirle el fracaso en otra, pero la conciencia evangélica debe sentir una gran carga de responsabilidad moral. Debemos reconocer que nosotros, y muchos evangélicos antes que nosotros, hemos sembrado las semillas de los problemas a los que nos enfrentamos ahora. Como advierte la Escritura, los que siembran viento segarán torbellino (Os 8.7), y los evangélicos de esta generación somos testigos del sabor amargo de esa palabra de juicio. Al final, casi con toda seguridad tendremos que reconocer que el divorcio dañará muchas más vidas y causará mucho más daño directo que el matrimonio entre personas del mismo sexo. Este no es un argumento a favor de la legalización del matrimonio homosexual (que es un desastre sin paliativos), sino un reconocimiento de que el fracaso cristiano en el tema del divorcio contribuyó a abrir la puerta para la revolución homosexual.

Tecnologías reproductivas avanzadas

Otro cambio social importante con enormes consecuencias morales fue el desarrollo de las tecnologías reproductivas avanzadas. En cierto sentido, este desarrollo es paralelo al de la píldora y la anticoncepción. La llegada de los anticonceptivos modernos separó el sexo de la procreación, permitiendo a las parejas, casadas o no, tener relaciones sexuales sin la «amenaza» del embarazo. Como hemos visto, las implicaciones morales de esa nueva tecnología fueron mucho más allá de la redefinición de la relación matrimonial. En el otro lado de la ecuación reproductiva, la llegada de las tecnologías reproductivas avanzadas ha permitido que las personas tengan hijos sin necesidad de relaciones sexuales. Así que la píldora permitía el sexo sin bebés y las modernas tecnologías reproductivas permiten los bebés sin sexo. Pero la revolución no termina aquí, porque, al permitir que nazcan bebés sin mantener relaciones sexuales, las tecnologías reproductivas avanzadas también permiten que las personas que biológicamente no pueden tener hijos los «tengan» por otros medios, y eso va mucho más allá de las parejas heterosexuales que desean tener descendencia. Ha hecho posible que las parejas del mismo sexo y las personas solteras «tengan» hijos, pero no por medios de procreación morales.

Una vez más, necesitamos entender que esta revolución afectó los juicios y convicciones morales mucho más allá de la situación de quienes empleaban, o se planteaban emplear, estas tecnologías reproductivas avanzadas. Para todas las personas que viven en países avanzados, la llegada de la fecundación in vitro (FIV), las pruebas diagnósticas previas a la implantación, la selección de embriones, la maternidad subrogada y otras tecnologías redefinieron la noción misma de lo que significaba «tener» un bebé.

La conclusión es esta: en toda la historia de la humanidad, hasta el período más reciente, para «tener» un bebé se necesitaba un hombre y una mujer en el acto sexual. Los bebés eran inseparables del acto marital y, como demostraban milenios de experiencia humana, tener relaciones sexuales significaba, por lo general, tener bebés.

Pero lo que redefinió todas las relaciones fue saber que el sexo entre un hombre y una mujer ya no era necesario para procrear. Hacia la segunda década del siglo veintiuno, la combinación de la fecundación in vitro, la inseminación mediante donantes, un mercado de gametos para espermatozoides y óvulos, y la disponibilidad generalizada de la maternidad subrogada, ha hecho posible que las personas solteras y no solteras, heterosexuales y homosexuales, «tengan» hijos, y la cultura pública en general insiste en que todo esto se ha llevado a cabo sin que tenga una gran relevancia moral de ninguna índole.

Cohabitación: sexo fuera del matrimonio

En siglos anteriores, la cohabitación extramatrimonial entre un hombre y una mujer no solo estaba mal vista, sino que a veces incluso era ilegal. Además, la mayoría de las sociedades encontraron la manera de convertir las uniones de cohabitación duraderas en alguna forma de matrimonio, tanto si las personas querían considerarse casadas como si no, de ahí la tradición estadounidense y británica de los denominados matrimonios de derecho consuetudinario. Además, el sexo fuera del matrimonio, tanto si la pareja vivía junta como si no, era objeto de una sanción moral tal que la revelación de las relaciones sexuales prematrimoniales o extramatrimoniales llevaba casi de inmediato al dolor, la culpabilidad y la censura de la sociedad.

Pero, al igual que se cansó de condenar el divorcio y el control de la natalidad, la sociedad también se volvió laxa en la regulación de las relaciones sexuales fuera del matrimonio. El matrimonio en sí mismo se ha ido apartando cada vez más de la ecuación moral del sexo, de modo que en amplios sectores de nuestra sociedad actual las viejas referencias al «sexo prematrimonial» no tienen ningún sentido, dado que ni siquiera se vislumbra la posibilidad del matrimonio.

Esto es algo fundamentalmente nuevo por lo que respecta a cómo han vivido por milenios los seres humanos. Como veremos en secciones posteriores de este libro, todas las civilizaciones han encontrado su camino hacia el matrimonio, y por lo general con bastante rapidez. El matrimonio se ha establecido como la norma, la expectativa, la marca de la edad adulta, y como el único contexto socialmente aceptado para las relaciones sexuales y la procreación. Todo eso ha cambiado en las últimas décadas, revirtiendo milenios de convicción moral y criterio social.

Muchos estadounidenses dirían que la idea de que los jóvenes deben reservar el sexo para el matrimonio no solo es represiva, sino francamente irracional. El régimen de educación sexual, los revolucionarios de la moral, la industria publicitaria y la del entretenimiento se han conjurado para sugerir que el matrimonio no tiene por qué tener nada que ver con el sexo. Lo único que queda es la moralidad del consentimiento.

Esta abrogación del matrimonio ha convertido los campus universitarios estadounidenses en ferias de una cultura del «ligue». Además, ahora nos enfrentamos a evidencias abundantes de que muchas escuelas secundarias estadounidenses se están convirtiendo en contextos similares para este tipo de comportamiento sexual desenfrenado. Y, para colmo de males, nuestro gobierno insiste ahora en la disponibilidad de los medios de control de la natalidad, incluida la «píldora del día después», para las adolescentes, incluso sin que los padres lo sepan ni lo autoricen. Aunque parezca mentira, muchachas que no podían acceder a la aspirina o a la penicilina sin el permiso de sus padres ahora pueden, sin necesidad de notificárselo, conseguir contraceptivos.

En el primer decenio del siglo veintiuno, las tasas de relaciones sexuales extramatrimoniales y de cohabitación han aumentado hasta alcanzar niveles que no había experimentado ninguna sociedad humana anterior. Muchos estadounidenses ahora viven con el matrimonio totalmente fuera de sus planes. En 2012, el *New York Times* informó que, entre las mujeres menores de treinta años, la mayoría de los nacimientos son fuera del matrimonio.[5] *The Times* también informó: «Entre las madres de todas las edades, una mayoría —el 59 % en 2009— se casan cuando tienen hijos. Pero el aumento de nacimientos fuera del matrimonio entre mujeres más jóvenes —casi dos tercios de los niños estadounidenses nacen de madres menores de treinta años— representa a la vez la transformación de la familia y el indicio de un cambio generacional que se avecina».[6] Este artículo también señalaba una clara y devastadora correlación entre los nacimientos fuera del matrimonio y patologías de todo tipo: desde niños que caen en la pobreza, que no logran graduarse, que son arrestados por distintos delitos hasta menores que sufren de problemas emocionales y de conducta.[7]

Además, en los últimos años, la cohabitación antes del matrimonio ya no es solo una expectativa, sino también un sustituto del matrimonio. Karen Benjamin Guzzo, de la Bowling Green State University, ha observado que, para millones de jóvenes estadounidenses, la cohabitación ya no es un paso hacia el matrimonio, sino más bien un *sustituto* del matrimonio como expectativa final. Es decir, cada vez menos parejas de hecho llegan al altar.[8] Quizás el aspecto más chocante de la investigación de Guzzo es su sugerencia de que la cohabitación no solo ha reemplazado al matrimonio, sino que también ha reemplazado los noviazgos en la vida amorosa de los jóvenes estadounidenses. Relacionarse como hombre y mujer jóvenes sin tener actividad sexual es algo simplemente inconcebible para muchos jóvenes, que consideran que la falta de disposición para el sexo es una prueba de falta de interés.

Ese desarrollo elimina no solo miles de años de saber moral, sino también toda una cultura en la que el noviazgo se entendía como el medio adecuado para llegar al matrimonio. El noviazgo involucraba no solo al joven y a la joven, sino también a dos familias pertenecientes a una comunidad más amplia. Se esperaba que todas ellas formaran parte de la afirmación de la unión y se comprometieran a honrarla y apoyarla. La cohabitación no solo no pasa la prueba de la paciencia, sino que tampoco exige ninguno de los compromisos que han hecho del matrimonio una institución estabilizadora en la sociedad.

En una última observación sobre la falta de sanción moral contra el sexo fuera del matrimonio, solo tenemos que señalar el tremendo cambio que está teniendo lugar en Estados Unidos con respecto a la pecaminosidad del adulterio. A lo largo de los siglos, el adulterio no solo se consideró pecado, sino también un crimen. En la actualidad, el adulterio mueve la cultura popular y el entretenimiento, y alimenta la ruptura de innumerables matrimonios. Pero lo importante aquí es que la revolución sexual nunca podría haber adquirido la fuerza que tiene en la cultura si el adulterio hubiera seguido viéndose como un gran mal que hay que evitar y como un pecado que hay que reprobar.

Pero, en años más recientes, el tema del adulterio se ha vuelto complicado debido a que, cuando la gente no se casa, es imposible cometerlo. Por lo tanto, aunque la gran mayoría de los estadounidenses dice al menos que se opone al adulterio y cree que es un error, una vez eliminado de la ecuación el matrimonio, el adulterio se ha convertido en un sentimiento moral sin sentido.[9] Donde no hay matrimonio, no puede haber adulterio, y ahí está la cuestión. El adulterio desaparece cuando lo hace el matrimonio, y la desaparición del matrimonio significa que el concepto de «sexo extramatrimonial» está perdiendo toda su fuerza moral.

En última instancia, visto en conjunto, la revolución anticonceptiva, la llegada del divorcio sin culpa, la irrupción de las tecnologías reproductivas avanzadas y la aceptación social del sexo extramatrimonial y la cohabitación son todas ellas pruebas del éxito de la revolución sexual y de los elementos que han alimentado su expansión en un terreno que los primeros activistas de la revolución sexual nunca hubieran podido imaginar.

«Un cambio gigantesco en una generación...».

Los factores que hemos discutido en relación con el matrimonio y la crisis moral de nuestra era los afirma con palabras muy poderosas Tom W. Smith, director de la General Social Survey (Encuesta Social General) del National Opinion Research Center (Centro Nacional de Investigación de la Opinión) de la Universidad de Chicago, una de las instituciones más destacadas de la nación en el ámbito de las ciencias sociales. Smith va directo al meollo del asunto y señala: «Lo que hemos visto es un cambio gigantesco en una generación, un cambio tan grande que la mayoría de los padres de niños pequeños de hoy en día se habrán criado en un tipo de familia diferente del que tienen en la actualidad».[10] Ahí vemos la revolución moral resumida en una sola frase. En ningún otro momento de la historia de la humanidad era concebible que los padres con hijos pequeños vivieran en familias tan radicalmente diferentes de aquellas que ellos conocieron en su infancia. Este acelerado ritmo de cambio moral y social ha llevado a algunos observadores a preguntarse si los seres humanos son realmente capaces de absorber este grado de cambio de una manera saludable. Existen pruebas abundantes para creer que no.

Los heterosexuales fuimos enormemente eficaces a la hora de socavar el matrimonio antes de que las fuerzas de la cultura comenzaran a defender la normalización de las relaciones homosexuales y la legalización del matrimonio entre personas del mismo sexo. La crisis matrimonial es una crisis moral que no comenzó con el matrimonio homosexual, ni terminará ahí. La lógica del matrimonio entre personas del mismo sexo no puede terminarse en este. Una vez que el matrimonio puede significar algo más que una unión heterosexual, al final puede y debe significar de todo: desde la poligamia hasta cualquier otra serie de desviaciones del matrimonio tradicional. Es solo cuestión de tiempo y de debilitamiento progresivo de la determinación moral.

Todo esto ha sido posible gracias a una ruptura del sistema inmunitario de la moral de la sociedad humana, y esta ruptura no fue un accidente. Los inmunólogos explican que una de las maravillas de la vida humana es el hecho de que cada uno de nosotros recibimos de nuestra madre una asombrosa variedad de defensas dentro de nuestro sistema inmunitario. Con el tiempo, desarrollamos más defensas contra las enfermedades, o nos volvemos enfermos y vulnerables. Un sistema inmunitario gravemente comprometido conduce a una enfermedad crónica, a una vulnerabilidad constante y a una posible muerte. Si esto es así para el individuo, también lo es para la sociedad o la civilización.

La civilización occidental ha perdido su inmunidad contra el colapso del matrimonio, la familia y la integridad de la sexualidad humana. Podemos señalar a otros como profetas y artífices de esta autolesión, pero debemos reconocer que todos hemos contribuido a ella, en la medida en que hemos adoptado las visiones modernas del amor, del romance, de la libertad, de la autonomía personal, de la obligación y de la autoridad. Y la separación entre la unión conyugal y la disposición al don de los hijos ha socavado aún más nuestra convicción y nuestra credibilidad en la defensa del matrimonio. Separamos el sexo del matrimonio y el matrimonio de la reproducción. Nosotros sembramos las semillas de la confusión actual. Como mínimo, no tratamos esta confusión con suficiente claridad moral y credibilidad. Para empeorar las cosas hasta el infinito, el hecho de que las iglesias cristianas no hayan abordado estas cuestiones de manera honesta y enérgica con todo el peso de la convicción cristiana ha creado, a los ojos de muchos, un desafío insuperable para la credibilidad evangélica en lo que respecta a la homosexualidad y el matrimonio entre personas del mismo sexo.

Es una gran verdad que la revolución sexual no comenzó con el matrimonio entre personas del mismo sexo. La revolución sexual comenzó cuando un importante número de personas de la sociedad moderna decidió liberarse de la moralidad sexual heredada del cristianismo que había dado forma al consenso cultural a lo largo de la historia. Es una decisión que en gran medida tomaron los heterosexuales que pretendían legitimar su pecado sexual con un nuevo argumento moral. Había activistas de la revolución del sexo que defendieron y esperaban la normalización de la homosexualidad desde el principio, pero estas eran voces muy alejadas de la corriente principal. El movimiento actual hacia la aceptación total del comportamiento y las relaciones homosexuales fue posible solo porque algunos heterosexuales se esforzaron primero por socavar el matrimonio.

3

DEL VICIO A LA VIRTUD: ¿CÓMO SE PRODUJO EL MOVIMIENTO HOMOSEXUAL?

Si el inmenso giro en la concepción de la moral de la homosexualidad en la cultura constituye la gran revolución moral de nuestro tiempo, debemos plantearnos una pregunta ineludible: ¿cómo sucedió esto? La pregunta se hace más intensa cuando reconocemos la rapidez con que se ha producido esta revolución. Descubrir *cómo* sucedió es esencial para los cristianos que estamos tratando de vivir con fidelidad al otro lado de esta revolución moral.

Los recientes períodos electorales en la historia de Estados Unidos son un ejemplo elocuente del gran cambio moral hacia la normalización de la homosexualidad y las relaciones entre personas del mismo sexo. El comentarista político Kevin Phillips señaló que en las elecciones presidenciales de 2004, no menos de once estados celebraron referendos para prohibir el matrimonio gay. Esas prohibiciones, ya sea por referéndum o por enmienda constitucional, recibieron el apoyo de una amplia mayoría de votantes en cada uno de los once estados. Los porcentajes oscilaban entre el 86 % en Misisipi, el 77 % en Georgia, el 76 % en Oklahoma, el 75 % en Kentucky y Arkansas, y el 66 % en Utah y Montana.[1]

Phillips vio estos resultados como evidencia de una teocracia cristiana en ciernes. Visto en retrospectiva, los votos de 2004 fueron el último suspiro de la defensa del matrimonio en una cultura que tiende a lo secular, no a lo teocrático.

Comparemos 2004 con las elecciones presidenciales de 2012. En ese período electoral, cuatro estados consideraron medidas que habrían definido el matrimonio, de una manera u otra, como exclusivo de la unión entre un hombre y una mujer o, por otra parte, habrían autorizado la legalización del matrimonio entre personas del mismo sexo. Dicho con toda claridad, en 2004 ninguno de los once estados en juego falló en la defensa del matrimonio tradicional por un amplio margen. Apenas ocho años después, los votantes habían invertido la tendencia. En 2012, ni un solo esfuerzo por definir el matrimonio como la unión exclusiva entre un hombre y una mujer tuvo éxito. Y, como afirmaron la mayoría de los expertos, esta tendencia no se iba a invertir.

Creo que el aspecto político se limita a señalar que podemos medir, incluso en términos de votos electorales, la notable velocidad de esta revolución de la moralidad. Además, las encuestas pusieron de manifiesto que en 2008 la mayoría de los estadounidenses estaban dispuestos a afirmar que creían que el comportamiento homosexual era inmoral y que las relaciones homosexuales no merecían reconocimiento legal como matrimonio.[2] Sin embargo, a principios de 2014, numerosas encuestas indicaron un cambio importante en la población estadounidense sobre este tema.[3] Estas encuestas muestran que la mayoría de los estadounidenses, aunque no una mayoría abrumadora, apoya ahora la legalización del matrimonio entre personas del mismo sexo. Una mayoría aún mayor indicó que no tenía un juicio moral negativo sobre las relaciones entre personas del mismo sexo o las conductas homosexuales. El aspecto más interesante del sondeo está en el hecho de que muchas de las personas que estaban de un lado de la ecuación en 2008, y muy dispuestas a decírselo a los encuestadores, están ahora listas para figurar en el otro lado de la revolución moral.[4]

El ímpetu de esta revolución es tan enorme que los estadounidenses que tienen algún contacto con la cultura popular son muy conscientes del relato que los políticos y los creadores de cultura y juicio moral de esta sociedad están decididos a escribir: solo los que ratifican la normalización de todos los comportamientos y relaciones entre personas del mismo sexo se encuentran «en el lado correcto de la historia», una afirmación audaz, si se tiene en cuenta la juventud del movimiento homosexual en el marco general de la historia.

Pero esto también demuestra que este movimiento ha tenido un éxito muy superior a lo que soñaron los primeros formuladores de sus argumentos. Cuando las élites seculares nos dicen a los cristianos conservadores que debemos cambiar nuestras convicciones y juicios morales sobre el tema de la homosexualidad si no queremos situarnos «en el lado equivocado de la historia», están diciendo algo en lo que creen de verdad y con rotundidad. Están seguros, totalmente, de que quienes se aferren a una concepción tradicional de la moralidad sexual serán repudiados por la historia y dejados atrás por la sociedad que está adquiriendo una nueva forma a nuestro alrededor.

A todas estas consideraciones se añade el hecho de que el relevo generacional está claramente a favor de esta revolución moral. Encuesta tras encuesta se demuestra que los estadounidenses más jóvenes, sobre todo los que ahora se definen sociológicamente como milénicos, apoyan de forma abrumadora la nueva ética sexual. Como veremos, los milénicos, o *millennials*, la generación más numerosa de la historia de Estados Unidos, suponen un enorme desafío para la idea tradicional del matrimonio y la sexualidad, y un desafío aún mayor para el testimonio cristiano fiel. Así que, así como la generación del *baby boom* dominó la vida pública estadounidense durante los últimos cuarenta años, el territorio que nos espera estará dominado por los milénicos. Su juicio moral sobre la homosexualidad será, casi con toda seguridad, el criterio moral dominante en Estados Unidos en el futuro inmediato.

La revolución moral: ¿una estrategia organizada?

Los tradicionalistas morales no pueden evitar preguntarse si todo esto es el resultado de una estrategia organizada. ¿Se reunió un pequeño grupo de activistas homosexuales para tramar una revolución que un día transformaría todas las dimensiones de la vida pública estadounidense?

Preguntarse algo así es inevitable, pero también complicado. La realidad es que la trama existió y, de un grupo muy reducido de activistas entregados, surgió una estrategia que ha tenido un éxito abrumador. Pero, aun considerando esa estrategia, debemos recordar que la revolución sexual solo fue posible porque ya estaban en marcha grandes cambios morales, intelectuales y culturales que prepararon a la sociedad para la revolución, aun cuando la gran mayoría de los estadounidenses tenía un juicio negativo sobre la homosexualidad.

After the Ball: la estrategia de los derechos de los homosexuales

El 22 de mayo de 1977, a pocos días de mi graduación de la escuela secundaria, yo y varios otros de mi iglesia del sur de la Florida asistimos a un evento sin precedentes en el Centro de Convenciones de Miami Beach. Unos meses antes, el gobierno de Miami-Dade había aprobado una de las primeras ordenanzas de derechos de los homosexuales de la nación. En respuesta a esto, un gran grupo de cristianos conservadores y aliados morales se unieron en un esfuerzo para obligar a la junta de Miami-Dade a cambiar de rumbo.

Todavía recuerdo vívidamente el evento en el centro de convenciones. El orador de la noche fue el doctor Jerry Falwell, una figura que, en ese momento, solo conocían unos pocos estadounidenses fuera de Virginia. Falwell habló de lo que él definió como la «agenda gay». Hoy en día, mucha gente rechaza ese tipo de lenguaje como conspiranoico e históricamente incorrecto. Pero Falwell tenía razón. Había una agenda y había activistas detrás de ella. Además, la agenda era bastante conocida porque sus activistas hablaban y escribían públicamente sobre ella.

Una década después, en 1989, compré un libro nuevo titulado *After the Ball: How America Will Conquer Its Fear & Hatred of Gays in the 90's* (Después del baile: cómo Estados Unidos vencerá su miedo y odio a los gais en los 90), de Marshall Kirk y Hunter Madsen. En aquel momento no lo sabía, pero este libro contenía la estrategia fundamental de lo que llegó a ser la revolución de los derechos de los homosexuales. Cuando leí su manifiesto por la revolución moral, me sorprendieron dos descubrimientos a la vez. El primero fue la desgarradora constatación de que Kirk y Madsen habían ideado una estrategia que, de forma bastante descarada, pondría en jaque a la civilización occidental. Mi segundo descubrimiento fue aún más preocupante: su plan para la revolución iba a funcionar.

En *After the Ball*, Kirk y Madsen presentaban un programa que, visto en retrospectiva, tuvo quizás más éxito del que habían soñado, en gran parte porque se centraba en cambiar la cultura, en lugar de limitarse a cambiar las leyes, como en el caso de los «disturbios de Stonewall» de 1969, una serie de manifestaciones violentas por parte de la comunidad gay neoyorquina en contra de las leyes que les prohibían expresar su homosexualidad en público, después de una redada policial en un bar gay. Kirk y Madsen tenían un plan mucho más ambicioso. Exigían algo más que un mero reconocimiento legal. Exigían que la sociedad estadounidense aceptara la homosexualidad como una experiencia sexual normal y considerara las relaciones homosexuales al mismo nivel que el matrimonio heterosexual.

Para llegar hasta ahí, los autores dijeron que había que aprovechar la crisis del SIDA como lo que llamaban «una oportunidad inmejorable».

En sus propias palabras: «Por cínico que parezca, el SIDA nos da la oportunidad, por breve que sea, de constituirnos como una minoría victimizada con derecho legítimo a recibir la protección y el cuidado especial de Estados Unidos».[5] Como podemos ver ahora a posteriori, la horrible tragedia del SIDA fue un importante catalizador para que la sociedad estadounidense reconsiderara sus principios morales. La devastadora mortandad del SIDA creó una oportunidad que permitió un reajuste emocional y político de la moralidad estadounidense.

El plan de Kirk y Madsen también requería acciones muy concretas. Por ejemplo, pusieron su interés en una estrategia de relaciones públicas omnipresente y poderosa. Criticaron los esfuerzos anteriores de normalización de la homosexualidad por estar impulsados por homosexuales que se ajustaban a los estereotipos de los estadounidenses heteros. Su consejo a los activistas fue muy preciso: «Cuando decimos que hay que *hablar* de homosexualidad, nos referimos precisamente a eso. En las primeras etapas de la campaña, el público no debe sentirse escandalizado y ahuyentado por una exposición prematura al comportamiento homo*sexual* en sí. En vez de eso, hay que minimizar la imagen del sexo per se y reducir el tema de los derechos de los homosexuales, en la medida de lo posible, a una cuestión social abstracta».[6]

Kirk y Madsen también hicieron un llamado para acercarse a las iglesias liberales, que se convertirían en aliados culturales clave. Como muchos activistas han reconocido, la única manera de contrarrestar los argumentos específicamente religiosos en la esfera pública era tener a personas que aparecieran como «expertos» religiosos y respondieran a esos argumentos. Estos argumentos inapelables tenían que, en sus propias palabras, «dar publicidad al apoyo de las iglesias moderadas y plantear objeciones teológicas serias a las enseñanzas bíblicas conservadoras».[7]

En el que fue uno de los aspectos más exitosos de su estrategia, Kirk y Madsen solicitaron al movimiento que «describiera a los homosexuales como víctimas, no como desafíos agresivos».[8] Sus consejos para su propio movimiento fueron increíblemente concretos, por no decir inquietantes. Por ejemplo, aconsejaron: «No se puede obviar, dicho sea de paso, que los grupos que se encuentran en los extremos más lejanos de aceptación, como NAMBLA [North American Man/Boy Love Association, una organización que reivindica la pedofilia], no deben desempeñar ningún papel en una campaña de este tipo. Los sospechosos de abusar de niños nunca parecerán víctimas».[9]

De forma similar, los dos argumentaron: «A todos los efectos prácticos, se debería considerar que los gais han *nacido gais*, aunque la orientación sexual, para la mayoría de los seres humanos, parece ser el producto de una compleja interacción entre las predisposiciones innatas y los factores ambientales durante la infancia y la adolescencia temprana».[10] En marcado contraste con el movimiento que apoya el aborto legal, Kirk y Madsen argumentaron enérgicamente en contra de cualquier margen para la elección en lo que respecta a la orientación sexual: «Sugerir en público que la homosexualidad puede *elegirse* es abrir la caja de Pandora etiquetada como "elección moral y pecado" y dar a los intransigentes religiosos un palo con el que golpearnos».[11]

En línea con la estrategia de relaciones públicas, los activistas promovieron una estrategia que haría que los gais fuesen bien vistos y que los «victimarios» fuesen mal vistos. En concreto, pidieron que se prestara atención a los personajes que pudieran ser vilipendiados, con el fin de promover sus propósitos. En sus propias palabras:

> Por ejemplo, durante varios segundos se muestra a un predicador del sur, untuoso y de ojos saltones, golpeando el púlpito con furia contra «esas criaturas abominables y pervertidas». Mientras continúa su diatriba por encima de la banda sonora, la imagen cambia a fotos desgarradoras de personas maltratadas, o de gais de aspecto decente, inofensivo y simpático; y luego volvemos a la cara venenosa del predicador. El contraste habla por sí mismo. El efecto es demoledor.[12]

Una vez más, lo más sorprendente de esta estrategia es su abrumador éxito. En todo caso, el impulso logrado por el esfuerzo de normalización de las relaciones homosexuales durante las dos últimas décadas ha superado incluso las aspiraciones más desorbitadas de estos primeros activistas.

Estrategias específicas y coordinadas: superar el estigma de ser «locos, pecadores, criminales y subversivos»

Aunque fueron Kirk y Madsen quienes dieron las órdenes de marcha al movimiento homosexual, el resultado real del progreso de su agenda lo ha documentado Linda Hirshman en su *Victory: the Triumphant Gay Revolution* (Victoria: la revolución gay triunfante). Como ella sostenía, la aceptación pública de la homosexualidad tenía que superar lo que ella llamaba los «cuatro jinetes» del juicio moral. Los defensores de la normalización de la homosexualidad y las relaciones entre personas del mismo sexo tenían que superar la opinión generalizada en la sociedad estadounidense de hace una generación en el sentido de que los homosexuales eran «locos, pecadores, criminales y subversivos».[13] Estos cuatro adjetivos apuntan a la realidad de que la gran mayoría de los estadounidenses, incluidas las élites intelectuales y los profesionales, tenían una visión negativa de la homosexualidad hace tan solo treinta años. También son otro recordatorio de la magnitud y alcance del éxito de la revolución sexual.

Superar lo de «locos»

Hirshman señaló que, hasta principios de la década de 1970, tanto la American Psychiatric Association como la American Psychological Association sostenían que la atracción por el mismo sexo era una forma de enfermedad mental. Esa posición era la que prevalecía en las asociaciones psiquiátricas y psicológicas hasta que, en una reunión, la American Psychiatric Association cambió su dictamen.

¿Cómo se produjo un cambio tan drástico de opinión en estas asociaciones profesionales? Hirshman explicó que se formó un grupo de activistas homosexuales para obligar a la American Psychiatric Association a cambiar su posición sobre el tema. Este grupo se concentró en un comité específico de la American Psychiatric Association conocido como el «Comité de nomenclatura», que definía el lenguaje de su disciplina utilizado en el manual autoritativo de la profesión psiquiátrica, el *Diagnostic and Statistical Manual* o DSM (Manual de Diagnóstico y Estadística).

El historiador David Eisenbach explicó en su libro de 2006, *Gay Power: an American Revolution* (Poder gay: una revolución estadounidense), que los activistas de la American Psychiatric Association y otros aliados del movimiento homosexual utilizaron la táctica conocida como «zap» para clausurar cualquier reunión, conferencia o asamblea que consideraran hostil a su causa. Como relató Eisenbach, «del mismo modo que los candidatos políticos se veían forzados a abrazar los derechos de los homosexuales tras la interrupción de sus actividades de recaudación de fondos y de sus oficinas, los psiquiatras también eran vulnerables al poder del *zap* cuando se activaba en sus conferencias».[14]

Eisenbach también mostró que los activistas centraron su atención en el psiquiatra Robert Spitzer, jefe del comité de nomenclatura. Spitzer acabó encontrando una forma de satisfacer las demandas de los activistas homosexuales, mientras aplacaba a algunos psiquiatras que temían perder su negocio si se normalizaba la homosexualidad. Spitzer propuso una nueva política que revertiría el viejo juicio de la APA y declararía que la homosexualidad no es, en sí misma, un problema psiquiátrico.

Al mismo tiempo, Spitzer creó una nueva categoría conocida como «alteración de la orientación sexual». Esta categoría permitía a los psiquiatras con credenciales tratar a personas que tenían una orientación homosexual pero se sentían incómodas con ella. Eisenbach llegó al meollo de la cuestión cuando escribió: «La desaparición del modelo de enfermedad es un hito en la historia del movimiento de los derechos de los homosexuales».[15]

Curiosamente, el método del *zap* sigue vigente, paraliza cualquier discusión moral sobre la homosexualidad y las relaciones homosexuales en el marco de la American Psychiatric Association. En 2008, fui invitado por dicha asociación para hablar en una mesa redonda en Washington, D. C., relacionada con la concepción cristiana de la homosexualidad. Al llegar a la conferencia, descubrí que la sesión había sido cancelada por exigencia de psiquiatras homosexuales y sus aliados dentro de la APA. Aunque parezca extraño, los convocantes de la sesión eran destacados defensores de los homosexuales. Sin embargo, eso no les bastaba a los que estaban comprometidos con impedir cualquier debate sobre las relaciones y conductas entre personas del mismo sexo como asunto moral o psiquiátrico.

Como Hirshman dejó muy claro, la aceptación social de la homosexualidad no podría haberse producido si los psiquiatras y psicólogos, los sumos sacerdotes del imperio terapéutico, se hubieran comprometido a etiquetar la homosexualidad como enfermedad. En este punto de inflexión crucial, debido a los esfuerzos coordinados y estratégicos de los activistas homosexuales, una de las fuerzas intelectuales preeminentes en la vida pública estadounidense, la de la profesión terapéutica, actúa como un fiel aliado para la normalización de la homosexualidad.

De hecho, los esfuerzos de los activistas han sido tan exitosos que no solo han revocado el criterio psiquiátrico original sobre la homosexualidad, sino que de alguna manera han revertido por completo los juicios morales de la nación. Al menos en la cultura popular americana, considerar la homosexualidad como algo moralmente sospechoso, en cualquier sentido, o como una forma de enfermedad mental, es algo que produce rechazo. La «homofobia» es ahora la nueva enfermedad mental y la deficiencia moral, mientras que la homosexualidad se acepta como la nueva normalidad.

Superar lo de «pecadores»

La segunda categoría de Hirshman, «pecadores», refleja el hecho de que a mediados del siglo veinte el cristianismo cultural y sus juicios morales eran los dominantes en la cultura estadounidense. En el período posterior a la Segunda Guerra Mundial, las iglesias y denominaciones estadounidenses se multiplicaron con nuevos miembros y una creciente influencia cultural. En los años cincuenta y sesenta era inconcebible el éxito de cualquier movimiento social importante si se enfrentaba a la oposición unida de las iglesias estadounidenses.

Sin embargo, como señaló Hirshman, algunas iglesias y denominaciones, junto con sus ministros y teólogos, estaban dispuestas a unirse a la revolución sexual. Como mínimo, querían afirmar que el cristianismo ofrecía un veredicto variopinto sobre el tema de la homosexualidad, un avance decisivo para los revolucionarios del sexo. La normalización de las relaciones y conductas homosexuales no habría sido posible sin un grupo significativo de eruditos bíblicos, teólogos y líderes religiosos liberales que estuvieron dispuestos a declarar que la posición de la iglesia sobre la pecaminosidad de la homosexualidad, una posición que había existido durante milenios, era un error y que precisaba una revisión a fondo.

Los cristianos evangélicos no deberíamos sorprendernos por este hecho, ya que el liberalismo teológico había ido redefiniendo y revisando la fe cristiana durante la mayor parte del siglo. De la misma manera que sus colegas europeos, los liberales que ocupaban los principales púlpitos estadounidenses a principios del siglo veinte ofrecían una versión defectuosa del cristianismo que se acomodaba a la cosmovisión cada vez más secular de la cultura dominante. Por consiguiente, había muchos teólogos y líderes de iglesias dispuestos a prescindir de los milagros, las reivindicaciones de revelación divina y las declaraciones de la autoridad eclesiástica en favor de un cristianismo liberalizado que se ajustaba perfectamente a la cosmovisión de las élites seculares.

Para cuando el movimiento homosexual estuvo listo para su época de influencia más activa, las defensas doctrinales de las denominaciones protestantes principales ya estaban fallando. En mayor o menor grado, el liberalismo teológico avanzó con tal eficacia que los protestantes de la línea dominante fueron incapaces de defenderse de su revisión radical de la moralidad cristiana. Como Hirshman señaló, la abrumadora victoria del movimiento homosexual en las últimas décadas no habría sido posible sin la ayuda e incitación de los líderes, teólogos y cargos religiosos liberales que estaban dispuestos a declarar que habían «evolucionado» en la cuestión de la homosexualidad y que estaban dispuestos a guiar a la iglesia en una dirección atrevida y nueva.[16]

Esto deja a los cristianos conservadores con un problema intelectual importante: ¿cómo es posible que la sociedad estadounidense haya recibido tanta influencia de los revolucionarios de la moral si la mayoría de los ciudadanos que formaban parte de esa sociedad afirmaban ser cristianos de alguna clase, y en particular evangélicos?

En este punto, debemos responder con la aleccionadora realidad de que Estados Unidos nunca ha sido tan cristiano como muchos cristianos conservadores han sostenido. El «cristianismo» de muchos estadounidenses ha carecido en gran medida del contenido intelectual serio necesario para ofrecer una defensa relevante contra la revolución moral. Demasiados evangélicos se aferraron a lo que creían que era una «posición» bíblica en asuntos de moralidad sexual, mientras carecían de la cosmovisión bíblica integral que habría proporcionado el soporte intelectual para su posición.

Desprovistos de una cosmovisión cristiana y desnutridos por la ausencia de una enseñanza y predicación bíblicas claras, millones de evangélicos estadounidenses se lanzaron a su propio proceso de transformación moral en torno a la cuestión de la homosexualidad. A falta de un argumento bíblico claro, muchos comenzaron a ceder en cuanto a la inmoralidad del comportamiento homosexual. Comenzaron a pasar de una posición bíblica clara y comprometida a una postura de tolerancia silenciosa y a una eventual e inevitable aceptación de la homosexualidad y las relaciones entre personas del mismo sexo. Cuando se conjuga esta trayectoria teológica con el próximo predominio demográfico de la generación milénica, el reto al que nos enfrentamos los evangélicos estadounidenses de hoy en día comienza a tomar forma.

En su mayor parte, las denominaciones protestantes liberales se han apartado de las enseñanzas bíblicas sobre la sexualidad humana para aceptar las relaciones homosexuales, la afirmación de un clero abiertamente homosexual y, más recientemente, la autorización al clero para casar a personas del mismo sexo. Esta trayectoria puede verse una y otra vez en denominaciones como la Iglesia Episcopal, los Discípulos de Cristo, la Iglesia de Cristo Unida, la Iglesia Presbiteriana de Estados Unidos (PCUSA), y la Iglesia Evangélica Luterana de América. Cada una de estas denominaciones, a su manera y con su propio calendario, ha aparecido en los titulares y en las noticias nacionales, situándose cada vez más a la izquierda en estos temas.

Además, así como la mayoría de las denominaciones protestantes históricas acabaron capitulando ante la revolución moral, algunos sectores del evangelicalismo estadounidense se fueron debilitando en su determinación y convicción sobre estas cuestiones. Algunos que se presentan como evangélicos están pidiendo una reconsideración de las enseñanzas de la Biblia acerca de la homosexualidad y de la manera en que la iglesia entiende la moralidad sexual.

Una de las voces más destacadas en ese debate es la de Brian McLaren, pastor durante muchos años en Maryland. McLaren aboga por la reconceptualización total de la fe cristiana y también habla de su «evolución» en la cuestión de la homosexualidad y el matrimonio entre personas del mismo sexo. Su libro de 2010, *A New Kind of Christianity* (Un nuevo tipo de cristianismo), deja muy clara la totalidad de su modelo revisionista del cristianismo. En esencia, se limita a repetir los argumentos esgrimidos por los liberales protestantes de finales de los siglos diecinueve y veinte.

Sin la más mínima vacilación, McLaren llama a dejar de lado toda la trayectoria teológica del protestantismo desde la Reforma y sugiere que la forma en que la iglesia ha entendido la Biblia y el evangelio a lo largo de la historia ha sido fundamentalmente errónea. Frente a la edad moderna, se apropia de la sugerencia de la escritora Phyllis Tickle de que la fe cristiana realice unas «rebajas por liquidación» cada quinientos años más o menos.[17] En este «mercadillo de garaje», la iglesia cristiana se deshace de las doctrinas que ya no necesita o, para ser más contundentes, de las doctrinas y convicciones morales que ahora son una vergüenza a los ojos de la cultura secular.

McLaren también argumenta que la Biblia debe entenderse como un libro humano, una «biblioteca comunitaria» en lugar de una «constitución jurídica». Al describir la Escritura como una biblioteca comunitaria, McLaren indica que no debemos buscar ningún tipo de consistencia interna en la Biblia. Por el contrario, nuestro modo de acercarnos a las Escrituras debe ser buscar cualquier cosa que pueda sernos útil, como en cualquier otro conjunto de libros al azar.

Estos recortes teológicos le permiten a McLaren neutralizar las enseñanzas morales de la iglesia cristiana y hablar de la homosexualidad no como un asunto bueno o malo, sino como un asunto de inclusión. Según sus palabras: «La pregunta se vuelve más compleja, desde "¿Es la homosexualidad correcta o incorrecta?" hasta "¿Cómo deben entenderse y tratarse los homosexuales y los heterosexuales en el Reino de Dios?"».[18]

En 2006, McLaren sugirió una «moratoria de cinco años para pronunciarse» sobre la homosexualidad.[19] Hizo un llamado a un proceso de diálogo sosegado en el que los evangélicos guardaran silencio sobre la pecaminosidad de la homosexualidad a fin de entablar un «diálogo cristiano en oración», en el que cada una de las partes estaría «escuchando con respeto, discrepando con amabilidad».[20] Por supuesto, lo que esta «moratoria» representó fue un enorme fracaso de la responsabilidad pastoral. Para decirlo sin rodeos, ningún ministro del evangelio puede mirar a dos jóvenes que están en su despacho para pedir consejo sobre sus relaciones homosexuales y decirles, con un mínimo sentido de responsabilidad cristiana, que está sujeto a una moratoria sobre la cuestión y que deben regresar a buscar consejo en cinco años.

La moratoria de McLaren finalizó obviamente antes del 23 de septiembre de 2012, cuando el *New York Times* anunció que había oficiado la boda de su hijo Trevor Douglas McLaren con Owen Patrick Ryan.[21] El anuncio de la boda indicaba que Brian McLaren había dirigido una ceremonia de compromiso con los «elementos cristianos tradicionales» ante la familia y los amigos. Entre esos «elementos cristianos tradicionales» no figuraba la enseñanza tradicional de la iglesia cristiana sobre la homosexualidad y el matrimonio.

Como Hirshman dejó claro, para que las revoluciones morales funcionen, necesitan el apoyo de las iglesias. Como él mismo explicó, «forman parte del aparato no oficial de aprobación social, tan importante para la revolución gay».[22] Sin la cooperación de al menos algunos líderes e iglesias dentro del cristianismo organizado, es difícil decir que el movimiento homosexual hubiera podido tener tanto éxito en las últimas décadas. Como veremos en un capítulo posterior, la pregunta que se nos plantea ahora es si los cristianos evangélicos mantendremos una convicción bíblica clara sobre el matrimonio y la moralidad sexual.

Superar lo de «criminales»

La tercera categoría de Hirshman, «criminales», señala la realidad de que algunos estados seguían criminalizando los actos y comportamientos homosexuales, todavía en el 2003. Las revoluciones en la cultura y las revoluciones en la ley son inseparables. Los tribunales son un campo de batalla ineludible para forzar un cambio estructural y moral generalizado en la sociedad estadounidense.

Walter Frank demostró este punto de manera brillante en su libro *Law and the Gay Rights Story* (La ley y el relato de los derechos gais). El libro de Frank sigue la trayectoria de las principales decisiones judiciales sobre la cuestión de los actos y relaciones homosexuales. Como él explicó, «ganar los corazones y las mentes, aunque es importante, no garantiza el éxito».[23] Su idea es muy sencilla. Para que el movimiento ganara impulso en la sociedad estadounidense, había que ganar discusiones en los tribunales para forzar cambios en la ley. Como en tantos otros asuntos polémicos de la vida estadounidense, el veredicto de un tribunal produce un enorme efecto de autoridad moral. En el período inmediatamente posterior a la sentencia de Roe contra Wade en 1973, las encuestas indicaban que la mayoría de los estadounidenses creían de repente que una mujer tenía «derecho» a abortar, y a hacerlo a voluntad. El peso de la autoridad moral de la corte llevó a millones de estadounidenses a adoptar la posición moral implícita en su fallo.

Los líderes que trabajaban para la normalización de la homosexualidad reconocían que necesitaban que tanto la cultura como los tribunales estuvieran de su lado para que su movimiento tuviera éxito. Convencieron al público por medios distintos de los tribunales, pero aun así utilizaron a la corte para añadir autoridad moral a su movimiento.

Una sucesión de casos que demuestra la revolución moral y legal en el tribunal más importante de Estados Unidos revela el gran papel que desempeña el Tribunal Supremo en el tema de la homosexualidad. En 1986, dicha corte dictaminó que el estado de Georgia no estaba violando la Constitución al penalizar la sodomía. Apenas diez años después, el fallo del tribunal en el caso de Romer contra Evans resolvió que ninguna ley estatal dirigida a las personas con orientación homosexual podía ser constitucional. En 2003, el fallo de Lawrence contra Texas determinó que todas las leyes que penalizaban la sodomía violaban la Constitución de Estados Unidos. Es importante señalar que el razonamiento jurídico que subyace a la jurisprudencia del tribunal sobre la cuestión de la homosexualidad y las relaciones homosexuales se basa, de manera bastante directa, en la garantía constitucional, afirmada en la sentencia Griswold sobre la contracepción, del derecho a la intimidad y la garantía de igualdad de protección de la Decimocuarta Enmienda. Una y otra vez, la corte ha recurrido a estos dos precedentes legales para justificar la derogación de leyes que, de una u otra manera, sancionaban o criminalizaban los actos o relaciones entre personas del mismo sexo.

El tribunal declaró en la sentencia de Lawrence contra Texas, como se evidenció en una opinión escrita por el juez asociado Anthony Kennedy, que las leyes que penalizan la sodomía violan la Constitución porque les niegan a las personas con orientación homosexual la oportunidad de realizar su forma más íntima y profundamente apasionada de expresión de sí mismas. En respuesta a la lógica del juez Kennedy, el juez Antonin Scalia replicó que el razonamiento de Kennedy y el veredicto de la mayoría conducirían inevitablemente a la legalización del matrimonio entre personas del mismo sexo, algo que Kennedy y sus colegas negaron.

Pero una década más tarde, en el fallo de Windsor contra Estados Unidos, la mayoría de los jueces hicieron exactamente lo que Scalia había predicho. De hecho, 2013 fue un avance crucial en el ámbito legal para los activistas homosexuales. En junio de ese año, el Tribunal Supremo de Estados Unidos dictó en un solo día dos sentencias que representaban hitos en la revolución moral. En la sentencia del caso Windsor, la corte anuló la Ley de Defensa del Matrimonio (DOMA, por sus siglas en inglés) que el Congreso había aprobado en 1998 después de que el estado de Hawái titubease a la hora de adoptar el matrimonio legal entre personas del mismo sexo.

Una vez más, Anthony Kennedy redactó la opinión mayoritaria del caso. El juez Kennedy argumentó que la Ley de Defensa del Matrimonio del gobierno federal, aprobada abrumadoramente por ambas cámaras en el Congreso y firmada por el presidente Clinton en 1996, era inconstitucional porque en lo tocante a las parejas del mismo sexo violaba la cláusula de la Constitución sobre la igualdad en la protección de derechos. Aunque el tribunal no dictaminó que el matrimonio entre personas del mismo sexo debía ser legal en todos los estados, preparó el terreno para que eso ocurriera.

El otro fallo de 2013 que supuso un progreso en la agenda homosexual fue la decisión de la corte sobre la cuestión de la Proposición 8. En esa sentencia, la corte se pronunció sobre un tecnicismo para permitir que se mantuviera el fallo de un tribunal inferior. En ese fallo, un tribunal de distrito y uno federal de apelaciones de San Francisco revocaron la Proposición 8, que definía el matrimonio exclusivamente como la unión entre un hombre y una mujer. Los votantes de California la elaboraron después de que su propio Tribunal Supremo legalizara por decreto judicial el matrimonio entre personas del mismo sexo.

Los abogados involucrados en el caso de la Proposición 8, David Boies y Theodore B. Olson, explicaron después que habían estado buscando un caso de esta magnitud. Explicaron cómo identificaron y reclutaron demandantes que tenían la capacidad legal para impugnar la enmienda constitucional. Parte de su estrategia consistió en encontrar una pareja que les resultara atractiva a los estadounidenses como representativa de la nueva familia. Querían en concreto una pareja de lesbianas de la clase profesional con al menos un hijo. Jo Becker, periodista de investigación del *New York Times*, contó: «Para asegurarse, Olson quería seis parejas. Así, si una pareja se separaba, o alguien moría, o si sus adversarios desenterraban algo sobre el trasfondo de otra que pudiera sorprenderlos en el juicio, tenían una solución alternativa».[24]

Esto pone de manifiesto lo brillante que era la estrategia jurídica lanzada por los defensores de la revolución moral. Además, muestra que la estrategia legal estaba ligada a una revolución cultural mayor. En cada etapa del camino, el planteamiento consistía en utilizar los tribunales como medio para ampliar los beneficios culturales que ya se estaban obteniendo en la sociedad. Además, las decisiones de los tribunales requerirían cambios en la ley y en el sistema político para que la inversión de la revolución moral resultara difícil, si no imposible. No hace falta compartir su agenda para apreciar el acierto de su estrategia.[25]

Superar lo de «subversivos»

El último de los «cuatro jinetes» de Linda Hirshman es la percepción de que la homosexualidad es *subversiva* para el orden moral. El esfuerzo por normalizar las relaciones entre personas del mismo sexo ha tenido más éxito cuando presenta a los homosexuales como vecinos inofensivos, amigos con buen corazón y personas que contribuyen a una sociedad feliz. La cultura del entretenimiento de la nación le ha dado a la estrategia de Kirk y Madsen el espacio que necesitaba para prosperar. Un esfuerzo concertado para presentar un desfile constante de homosexuales felices y nada amenazadores en la cultura popular ha socavado la idea de que la homosexualidad resulta subversiva para una sociedad sana.

Irónicamente, algunos activistas radicales se sienten marginados por el esfuerzo de presentar un retrato socialmente aceptable de los homosexuales y sus relaciones para la cultura general. Muchos defensores de los gais señalan que casi todos los personajes homosexuales que aparecen en los principales medios de comunicación son hombres y mujeres gais de clase media, blancos y monógamos.

En cualquier caso, el esfuerzo ha tenido un éxito asombroso, tanto que el *USA Today*, pocos días después de que el Tribunal Supremo emitiera las decisiones legales de 2013, calificó a Hollywood como «el padrino del matrimonio gay».[26] El reportero Marco della Cava escribió: «La máquina nacional de la cultura pop lleva décadas incidiendo en un tema que antes era tabú para que resulte totalmente familiar».[27] Como él explicó: «Ya sean las payasadas de dos hombres gais en la exitosa comedia de ABC *Modern Family* o la descarada pero sentida sexualidad que se exhibe en *Behind the Candelabra* de HBO, las uniones de homosexuales parecen ser, al menos en la pantalla y en los platós, una parte muy arraigada de la unión federal».[28] Esa afirmación plasma de forma sucinta la estrategia del entretenimiento.

Durante casi tres décadas, Hollywood ha impulsado y ha sido impulsado por un esfuerzo para normalizar la homosexualidad y las relaciones entre personas del mismo sexo. Una declaración de Dustin Lance Black, ganador de un Óscar en 2009 por su guion de la película *Mi nombre es Harvey Milk*, que cuenta la historia del político de San Francisco Harvey Milk, señala el poderoso papel de Hollywood en la revolución moral: «Contar historias es la única manera de disipar los mitos. Hollywood ha tenido un papel muy importante en eso. Somos los narradores del mundo».[29]

Una vez más, tenemos que afrontar el hecho de que no se trata de un accidente, sino de una estrategia bien definida. En el número de diciembre de 1984 de la publicación gay *Christopher Street*, Marshall Kirk se unió a Erastes Pill (seudónimo de Hunter Madsen) para escribir «Waging Peace: a Gay Battle Plan to Persuade Straight America» (Hacia la paz: un plan de batalla gay para persuadir al Estados Unidos heterosexual). En ese artículo, Kirk y Pill escribieron:

El lugar donde hablamos es importante. Los medios visuales, el cine y la televisión, son sin duda los creadores de imagen más poderosos de la civilización occidental. El hogar estadounidense promedio ve más de siete horas de televisión al día. Esas horas abren una puerta de entrada al mundo privado de los heterosexuales, a través de la cual se puede introducir un caballo de Troya. En cuanto a la desensibilización, el medio de comunicación es el mensaje de la normalidad. Hasta ahora, el Hollywood gay ha provisto nuestra mejor arma encubierta en la batalla para insensibilizar a la corriente dominante. Poco a poco, en los últimos diez años, se han ido introduciendo personajes y temas gais en programas de televisión y películas. En general, el movimiento ha sido alentador.[30]

Como ha argumentado el veterano analista de medios Michael Medved, el esfuerzo por impulsar esta agenda en Hollywood ha sido de una eficacia arrolladora, en gran parte debido a que no existe una estrategia similar de concentración e inversión para defender el matrimonio en los medios de comunicación de masas. Refiriéndose al artículo de Kirk y Pill, Medved observó: «Al escuchar esta agenda tan brillantemente esbozada, ¿puede alguien dudar de que parte del problema, en lo que algunos han llamado la guerra cultural, es que un bando está preparado, organizado y decidido y que el otro bando está comenzando a despertarse poco a poco?».[31]

Delinear una revolución

La honestidad intelectual requiere que reconozcamos que había un grupo determinado de activistas que estaban impulsando una «agenda gay». La impresionante tasa de éxito en el campo de la psiquiatría, la cultura popular y los tribunales nos muestra que estaba sucediendo mucho más bajo la superficie. Un nuevo conjunto de sentimientos morales estaba sembrando las semillas de una revolución que traería la normalización de la homosexualidad y la legalización del matrimonio homosexual.

Por lo tanto, es un error, como muchos insisten ahora, negar que había una «agenda gay». Es evidente que sí, y es fácil identificar a las autoridades que establecieron dicha agenda, así como la esencia de su estrategia. Además, es un error sugerir que un pequeño grupo de revolucionarios es siempre responsable de la revolución radical que está teniendo lugar a nuestro alrededor. El movimiento para la normalización de la homosexualidad llegó a ser una posibilidad cultural y moral porque el pueblo estadounidense, más secular en su pensamiento y más moderno en su análisis moral de lo que podría parecer, estaba preparado para tal revolución.

4

LA IMPOSIBLE POSIBILIDAD DEL MATRIMONIO ENTRE PERSONAS DEL MISMO SEXO

La legalización del matrimonio entre personas del mismo sexo representa el frente principal y la demanda estructural más significativa del movimiento para normalizar la homosexualidad. Como ha argumentado el filósofo Jürgen Habermas, una de las principales funciones de la sociedad es cumplir con el cometido de legitimar y deslegitimar las creencias, los principios, las doctrinas y las prácticas. Como en todas las sociedades humanas anteriores, el matrimonio sigue siendo la institución central legitimadora de la vida humana. Por esa razón, aquellos que buscan normalizar las relaciones entre personas del mismo sexo y los actos homosexuales *deben* buscar el reconocimiento, la credibilidad, los privilegios y el respeto que el matrimonio ha ofrecido histórica y universalmente.

Al mismo tiempo, debemos reconocer que el matrimonio es a la vez la más pública y la más privada de las instituciones. Aun cuando los revolucionarios del sexo han utilizado la legalización del matrimonio homosexual como parte de su estrategia para la liberación sexual de la cultura general, también hay que reconocer que, para muchas personas de orientación homosexual, el esfuerzo por legalizar el matrimonio entre personas del mismo sexo es una búsqueda muy urgente y personal.

Para aquellos que entienden que el matrimonio es la unión de por vida de un hombre y una mujer de acuerdo con las Escrituras, el matrimonio entre personas del mismo sexo presenta un desafío de enormes proporciones. La razón es muy simple: nuestras convicciones sobre la naturaleza del matrimonio nos impiden reconocer la unión de hombre con hombre o mujer con mujer como un matrimonio de verdad. En la concepción cristiana, el matrimonio entre personas del mismo sexo es imposible en la práctica, por lo que no podemos reconocer a las parejas del mismo sexo como legítimamente casadas. Como resultado, nos encontramos en medio de un creciente número de litigios y un porcentaje cada vez mayor de amigos y vecinos que entienden que las personas del mismo sexo se casan, mientras que nosotros no, independientemente de lo que un tribunal pueda decidir.

La interacción personal no es el único ámbito donde esto resulta incómodo. También pone a prueba el compromiso evangélico con las políticas públicas, la terminología y la lingüística. Algunos cristianos tratan de zanjar la cuestión colocando entre comillas el término para indicar que se trata de un término figurado y no de un término de hecho. Pero esto puede crear confusión en una conversación pública, ya que el matrimonio, en la visión secular del mundo, ahora incluye a las parejas del mismo sexo. En ese sentido, el matrimonio entre personas del mismo sexo no solo no es una imposibilidad, sino que es una realidad. Pero, para nuestros propósitos, al considerar este asunto de una manera que sea fiel tanto a las Escrituras como al matrimonio, debemos reconocer que el matrimonio entre personas del mismo sexo es una posibilidad imposible: no existe, pero en cierto sentido sí existe, así que tenemos que hablar de ello.

La llegada del matrimonio entre personas del mismo sexo: una historia complicada

La presión por el matrimonio entre personas del mismo sexo, ahora entendido como una consecuencia necesaria del movimiento de normalización de la homosexualidad, no siempre estuvo en el centro de la agenda de los derechos de los homosexuales. De hecho, un número significativo de activistas homosexuales se opusieron categóricamente a cualquier concepto de matrimonio gay. Por lo que a su descripción personal respecta, el movimiento que exige la normalización de la homosexualidad incluye tanto a los *liberacionistas* como a los *asimilacionistas*. Los liberacionistas reclaman que se liberen la sexualidad humana y la moralidad sexual de cualquier juicio negativo contra los actos y relaciones del mismo sexo. Además, exigen que la sexualidad convencional sea virtualmente, si no completamente, erradicada para liberar a la humanidad de la opresión del pasado.

Los asimilacionistas (también llamados acomodacionistas) argumentan que el movimiento homosexual debería adoptar una postura menos agresiva. Si los liberacionistas se hicieron famosos por su cántico de los años noventa: «¡Aquí estamos! ¡Somos maricas! Acostúmbrense», los asimilacionistas respondieron con la afirmación: «Aquí estamos, pero somos como ustedes». Los asimilacionistas exigían el matrimonio como vehículo definitivo para la aceptación en el espacio privilegiado de la respetabilidad estadounidense. Difícilmente podrían haber estado más en desacuerdo las dos fuerzas opuestas del movimiento.

Curiosamente, importantes pensadores y activistas de ambos lados de este debate interno han cambiado de posición con respecto a estas cuestiones. Por ejemplo, los liberacionistas que antes se oponían al matrimonio entre personas del mismo sexo ahora ven las batallas judiciales y las victorias culturales relacionadas con el matrimonio entre personas del mismo sexo como un paso hacia una agenda liberacionista más radical.

Otros, creyendo que la búsqueda del matrimonio legal entre personas del mismo sexo estaba condenada desde el principio, se han unido al movimiento, ya que ha tenido éxito tanto en los tribunales de justicia como en el de la opinión pública. Sin embargo, los activistas de ambos lados siguen separados por un gran abismo, que es la institución del matrimonio.[1]

Redefinición del matrimonio en la era moderna: un paso más hacia una posibilidad imposible

Para entender por qué es tan importante la legalización del matrimonio entre personas del mismo sexo, primero debemos reconocer que el matrimonio ha sufrido un desplazamiento y redefinición masivos en la era moderna. En primer lugar, el matrimonio se ha transformado y reducido a la categoría de un contrato. Como veremos en un capítulo posterior, la concepción bíblica del matrimonio se basa en un pacto, que significa mucho más que un contrato. Un pacto conlleva una promesa moral hecha ante Dios y ante las demás personas. Cuando un hombre y una mujer se casan, prometen ser fieles el uno al otro, y solo el uno al otro, hasta que la muerte los separe. Como ya hemos visto, esa visión del matrimonio se ha visto subvertida de manera generalizada por la revolución sexual, el advenimiento del divorcio sin culpa, la fragilidad y las perturbaciones del panorama económico moderno, y los patrones ideológicos de la vida moderna.

Segundo, el matrimonio ha sido redefinido en función de la satisfacción emocional y no de la situación objetiva. La cultura ha redefinido en gran medida la noción de matrimonio «de compañeros» y, en su lugar, ha adoptado el eros y el amor romántico como la suma y sustancia de la relación conyugal. Aunque la manera bíblica de entender el matrimonio incluye ciertamente el eros y el romanticismo entre los esposos, la Biblia no define el matrimonio como algo que se base principalmente en el compañerismo o en el amor erótico. En lugar de eso, la Biblia define el matrimonio en términos de la santidad de un voto, de la permanencia de una institución, y como uno de los dones más benignos de Dios para con sus criaturas humanas, no como un resultado de la evolución social de la humanidad.

Tercero, la gente de hoy, incluidos demasiados cristianos, define el matrimonio en función de las normas legales de su país. Dicho de otro modo, en gran medida, la gente de hoy da por sentado que el gobierno tiene el derecho de definir el matrimonio. Aunque los cristianos debemos esperar que el gobierno respete y proteja el matrimonio, no podemos aceptar la idea de que la naturaleza del matrimonio esté en última instancia en manos del gobierno. Al contrario, los cristianos deben insistir en que el matrimonio es una institución prepolítica. El gobierno no crea el matrimonio, sino que lo reconoce. Del mismo modo, el gobierno no establece el matrimonio, sino que lo respeta. Al no entender esto, muchas personas han caído en la trampa de simplemente asumir que el matrimonio es lo que cualquier gobierno o sistema de leyes dice que es. Si bien la ley puede redefinir el matrimonio en un sentido legal, los cristianos deben continuar afirmando que el matrimonio, a los ojos de Dios, sigue siendo la unión entre un hombre y una mujer.

Rumbo al altar: el lugar del matrimonio entre personas del mismo sexo en el movimiento homosexual

Los defensores del matrimonio legal entre personas del mismo sexo, especialmente entre varones, argumentan que el matrimonio tendrá un efecto «civilizador» sobre los varones homosexuales. El profesor William Eskridge de la Facultad de Derecho de Yale, destacado defensor del matrimonio entre personas del mismo sexo, argumentó que la legalización del matrimonio homosexual hará que los varones gais pasen de la «libertad sexual» al «compromiso civilizado».[2] Eskridge, cuyos argumentos a favor del matrimonio entre personas del mismo sexo han tenido una enorme influencia, sugirió que entre las tareas de «civilización» de los varones homosexuales figura el hecho de limitar y de restringir la promiscuidad y los comportamientos sexuales extravagantes, y de involucrarlos de una forma más integradora en la comunidad general.

Otros miembros del movimiento hacen comentarios similares. Por ejemplo, Andrew Sullivan contribuye de manera particularmente fascinante a esta conversación. Sus escritos sobre la homosexualidad y el matrimonio entre personas del mismo sexo revelan la división de opiniones del movimiento en un solo individuo. Sullivan cree que la legalización del matrimonio entre personas del mismo sexo también traerá una influencia civilizadora sobre los hombres homosexuales. De hecho, Sullivan culpa de muchas de las conductas sexuales y patologías de los varones gais a la negativa de la comunidad dominante a reconocer sus relaciones mediante el matrimonio entre personas del mismo sexo. Al mismo tiempo, Sullivan se niega a hacer del matrimonio entre personas del mismo sexo una expectativa normativa para los varones homosexuales. En cambio, argumenta que el matrimonio entre personas del mismo sexo sería un avance significativo para los hombres gais que podrían calificarse como del «tipo casadero».

Al final, para Sullivan y para muchos otros, la cuestión más esencial es la igualdad. Sullivan señala la centralidad de la igualdad en el movimiento homosexual:

> El matrimonio gay no es un paso radical; es un paso profundamente humanizador y tradicionalizador. Es el primer paso para cualquier resolución de la cuestión homosexual, más importante que cualquier otra institución, ya que es la más importante para la naturaleza del problema, es decir, el vínculo emocional y sexual entre un ser humano y otro. Si no se hubiera hecho nada más, pero se hubiera legalizado el matrimonio gay, se habría logrado el noventa por ciento del trabajo

político necesario para lograr la igualdad de gais y lesbianas. En última instancia, es la única reforma que realmente importa.[3]

Esa afirmación, en síntesis, explica por qué el movimiento homosexual confluye en torno a la demanda de la legalización del matrimonio entre personas del mismo sexo. La victoria en este campo representará, como estima Sullivan, «el noventa por ciento del trabajo político necesario para lograr la igualdad de gais y lesbianas».

Por eso un enfático «liberacionista», como el columnista Michelangelo Signorile, reconoce la búsqueda del matrimonio entre personas del mismo sexo como un medio necesario para lograr una eventual liberación *de* cualquier concepto tradicional de matrimonio. Como ha escrito Signorile, la batalla por el matrimonio entre personas del mismo sexo consiste en «evitar que la derecha religiosa defina rígidamente para toda América lo que es la familia, y que imponga la heterosexualidad para todos».[4]

Signorile argumenta que otros de su campo liberacionista deberían considerar «la idea de que algo tan tradicional como el matrimonio pueda ser transformador».[5] Pero la búsqueda de la «libertad para casarse» se refiere en realidad, según Signorile, a la transformación del matrimonio en lugar de a la transformación de la vida de los hombres homosexuales. Como dijo sin ambigüedades: «En vez de ser transformados por la institución del matrimonio, los varones gais, algunos de los cuales han elevado el concepto de "relación abierta" a una forma de arte, sencillamente transformarían la institución en sí misma, haciéndola más abierta en el plano sexual, e incluso influenciando a los heterosexuales. ¿Y quién puede decir que ampliar los términos del contrato matrimonial no fortalecería el compromiso entre los dos individuos?».[6]

Aquí vemos la división de opiniones en la comunidad homosexual, al menos la representada por los varones, sobre la cuestión del matrimonio entre personas del mismo sexo. Los asimilacionistas y los liberacionistas parecen estar ahora unidos en la demanda legal del matrimonio entre personas del mismo sexo, pero por razones fundamentalmente diferentes. Aparte de esto, incluso los asimilacionistas parecen estar muy convencidos de que la entrada de las parejas homosexuales en el matrimonio, sobre todo de las parejas homosexuales masculinas, inevitablemente transformaría el matrimonio como institución.

La ley natural y la participación cristiana en la esfera pública

Los esfuerzos para oponerse a la legalización del matrimonio entre personas del mismo sexo están encontrando una fuerte resistencia en la cultura popular. Como vimos en el capítulo anterior, en 2008 la mayoría de los votantes californianos aprobó la Proposición 8, que definía el matrimonio exclusivamente como la unión de un hombre y una mujer; lo cual es un resultado intrigante en los comicios, dado que California es uno de los estados más liberales de la Unión. El hecho de que la Proposición 8 haya sido rechazada por ser una propuesta moral obsoleta demuestra el enorme cambio en la opinión pública sobre el matrimonio entre personas del mismo sexo.

En las elecciones presidenciales de 2012, apenas cuatro años después de la Proposición 8, no tuvo éxito ningún esfuerzo por defender y definir el matrimonio como la unión exclusiva entre hombre y mujer. El ímpetu del matrimonio entre personas del mismo sexo y los vientos culturales contrarios a los defensores del matrimonio tradicional y de la familia natural revelan que muchos de nuestros vecinos carecen de las defensas intelectuales que necesitan para evaluar de forma adecuada los argumentos de los revisionistas del matrimonio. Parecen haber perdido una cosmovisión que solo podemos presumir que alguna vez tuvieron. La mayoría, sin embargo, simplemente se ha criado en la era secular.

Sin la tutela y sin la enseñanza de sus iglesias y sinagogas, muchos no entienden bien cuánto abarca la naturaleza del matrimonio.

Hasta la presente década, los argumentos en contra del matrimonio entre personas del mismo sexo parecían tener fuerza porque la mayoría de los votantes parecían actuar con la intuición moral y la convicción de que el matrimonio solo podía ser la unión entre un hombre y una mujer. Por desgracia, esa convicción parece haberse construido sobre cimientos de arena, un fundamento fácilmente superable por las olas de la presión social y la cultura popular.

De manera similar, los esfuerzos para definir el matrimonio en términos bíblicos ahora encuentran un rechazo casi universal en la esfera pública secular. Los cristianos no deberían sorprenderse de que una cultura secular rechace las restricciones morales impuestas por la autoridad religiosa. Puesto que una cultura secular se resiste a cualquier autoridad teológica vinculante, se negará a someterse a ninguna restricción moral que, en opinión de un pueblo determinado, parezca restringir las conductas únicamente sobre una base teológica.

Esto explica, al menos, la cambiante suerte de los cristianos conservadores en la esfera pública. También explica por qué muchas personas responden a las encuestas indicando que son cristianos de alguna clase. A pesar de que los «no adscritos» representan el grupo de estadounidenses de más rápido crecimiento en cuanto a afiliación religiosa,[7] el hecho es que, si el 20 % de los estadounidenses se identifican como no adscritos a ninguna religión, el 80 % sí lo están.

Sin embargo, un examen bíblico o teológico serio de la cosmovisión que ese 80 % representa revela que carece de una autoridad vinculante. En lo referente a sus juicios morales sobre muchos temas, la mayoría de los estadounidenses parecen contentos de descubrir que la Biblia está de acuerdo con sus premisas morales, pero bastante disgustados y poco dispuestos a cambiar sus juicios morales cuando la Escritura los rechaza explícitamente. En otras palabras, ni siquiera aquellos que continúan identificándose como cristianos reservan espacio para la autoridad moral, en particular para la autoridad vinculante de las Escrituras y de las enseñanzas de su iglesia.

Tenemos que reconocer que, en Estados Unidos, cuando se elabora y se da forma a la opinión, esta comienza con las élites y luego la adaptan las masas. Tal como explicó James Davison Hunter: «Las formas más profundas y duraderas de cambio *cultural* casi siempre se producen de "arriba hacia abajo". En otras palabras, el trabajo de crear y cambiar el mundo es, en general, obra de las élites: custodios que proporcionan dirección y gestión creativas en los ámbitos de la vida social».[8]

Esto es particularmente importante si consideramos el hecho de que las élites están mucho más secularizadas que la cultura estadounidense mayoritaria, y mucho más secularizadas que la clase media. Por lo tanto, quienes se oponen a la legalización del matrimonio entre personas del mismo sexo y quieren proteger y venerar el matrimonio natural se encuentran hablando con una clase más resistente a cualquier argumento de las Escrituras. Además, como veremos en un capítulo posterior, estas élites están haciendo todo lo posible, por medios legales, para eliminar la posibilidad de que los argumentos morales inherentes a la religión tengan algún papel en la vida pública. Por esta razón, y por otras, un número significativo de cristianos responde ahora a la normalización de la homosexualidad y a la demanda del matrimonio entre personas del mismo sexo recurriendo a lo que tradicionalmente se conoce como la argumentación de la «ley natural».

El significado del matrimonio y la ley natural

El cambio en el discurso público hacia la argumentación del derecho natural es fácil de entender. Si los partidarios del matrimonio tradicional no pueden obtener influencia cultural citando las Escrituras, y si cualquier afirmación de la revelación divina está fuera de lugar en la palestra pública, entonces la mejor estrategia sería evitar los argumentos que alegan una revelación especial y una autoridad bíblica.

Aunque tradicionalmente la utilizan filósofos, teólogos y eticistas católicos romanos, la teoría del derecho natural también ha atraído recientemente la atención de algunos evangélicos. Por supuesto, todos los cristianos deben afirmar la realidad de la ley natural porque la Escritura misma afirma tanto la ley natural como la realidad de la revelación natural. La revelación natural, también llamada *revelación general*, remite al hecho de que Dios insertó en el universo el conocimiento de él y de su ley. Dicho de otro modo, el Creador manifestó en la creación su propio carácter moral y la estructura moral apropiada del universo.

Uno de los mejores argumentos de la ley natural lo encontramos en el libro de Sherif Girgis, Ryan T. Anderson y Robert P. George, *What Is Marriage? Man and Woman: A Defense* (¿Qué es el matrimonio? Hombre y mujer: una defensa), que es una versión ampliada de su famoso artículo publicado en el *Harvard Journal of Law and Public Policy*. Según cualquier estimación, *What Is Marriage?* presenta una argumentación brillante, de hecho es toda una obra maestra.

Girgis, Anderson y George argumentan que ahora existen dos puntos de vista sobre el matrimonio en la sociedad general: una perspectiva *conyugal* que entiende el matrimonio como «un vínculo tanto físico como emocional y espiritual, que se distingue por la amplitud integral de su alcance», y una visión *revisionista* que define el matrimonio como «en esencia, un lazo afectivo amoroso, que se distingue por su intensidad».[10] Es difícil pasar por alto la inteligencia de esta distinción, aun cuando oímos a ambos bandos articularse en nuestras propias conversaciones acerca del matrimonio y los debates que escuchamos en la tribuna pública. Si se define el matrimonio según la perspectiva *revisionista*, no hay razón para que *no* se redefina de manera que incluya a las parejas del mismo sexo. Sencillamente, no hay ningún argumento en contra de tal propuesta si el matrimonio no es, de hecho, más que un «lazo afectivo amoroso distinguido por su intensidad». Por otro lado, si el matrimonio es «un vínculo físico, emocional y espiritual que se distingue por la amplitud integral de su alcance», entonces el matrimonio entre dos individuos del mismo sexo es claramente imposible.

Girgis, Anderson y George, quienes han hecho una tremenda contribución al debate sobre el matrimonio y a la discusión moral de nuestro país, explican lo que para el matrimonio significa ser una unión conyugal e integral. Señalan la estructura del cuerpo humano del varón y de la mujer como indicadores de la unión conyugal. También señalan el significado social y la importancia del matrimonio, tal como lo han afirmado prácticamente todas las civilizaciones de la historia. Así, advierten de que la subversión del matrimonio conduce a males sociales indecibles y a una mengua del progreso humano. También es importante reconocer que afirman la naturaleza intrínsecamente exclusiva y monógama de la relación conyugal. Documentan hasta qué punto los revisionistas piden una redefinición del matrimonio que demuestre «apertura» y «flexibilidad». Como afirman con razón los tres autores, estas palabras son «eufemismos de infidelidad sexual».[11]

Esto nos lleva a una realidad muy importante que puede hacer que muchos evangélicos se sientan profundamente incómodos. Teóricos de la «nueva ley natural» como Robert P. George, John Finnis y Germain Grisez afirman que la «amplitud integral del alcance» de la unión conyugal incluye la función necesaria de la procreación. La separación entre procreación y unión conyugal mediante métodos anticonceptivos artificiales ha redefinido en profundidad el significado del matrimonio. En este punto, algunos evangélicos se quejarán de que los teóricos de la nueva ley natural simplemente están pisando un territorio íntimo en el que no tienen por qué entrar. En cambio, los evangélicos debemos admitir que nuestra aceptación abierta de la revolución anticonceptiva ha provocado muchos males morales y ha abierto la puerta a la redefinición del matrimonio, alejándola de la visión conyugal y orientándola hacia el modelo revisionista al que ahora nos oponemos.

Si los evangélicos queremos recuperar una concepción integral del matrimonio y la familia, debemos estar dispuestos a afrontar la cuestión de los métodos anticonceptivos, y debemos hacerlo con madurez teológica y honestidad ética. Como he dicho anteriormente, no creo que todos los *actos* sexuales de una pareja casada deban estar igualmente abiertos al don de los hijos. Creo, sin embargo, que la Escritura enseña que todo matrimonio debe estar abierto al don de los hijos y que la posición por defecto para los cristianos debe ser la de recibir a los hijos como un don divino, en lugar de resistirse a ese don como una imposición biológica.

Como respuesta, algunos partidarios del matrimonio homosexual argumentan que la visión conyugal del matrimonio, ligada necesariamente a la procreación y a los argumentos de la ley natural relacionada con ella, lleva a la creencia de que no debe permitirse el matrimonio a las parejas heterosexuales que no consiguen un embarazo. Eso es, por supuesto, un disparate moral. Tanto la Escritura como la ley natural afirman que el esposo y la esposa participan en la naturaleza conyugal integral del matrimonio, aun cuando esa unión no pueda realizarse por completo teniendo hijos. Así, una pareja que se casa a los ochenta años demuestra la gloria de Dios aun cuando hayan pasado la etapa de la procreación. Marido y mujer siempre dan testimonio del propósito de Dios para el matrimonio sea cual sea la época de su vida. Del mismo modo, no se impide al hombre y a la mujer estériles contraer matrimonio, siempre que sean fieles y capaces de dar una imagen de la unión conyugal en su integridad mediante su apertura al don de los hijos, aun cuando no puedan recibirlo.

Los evangélicos y los argumentos de la ley natural

Los cristianos evangélicos, en especial, debemos reconocer la ley natural como un testimonio inestimable de la amplia gracia de Dios, un testimonio que muestra su gloria y su modelo para el desarrollo humano. Como Pablo afirmó en Romanos 1, Dios ha revelado aun sus atributos invisibles por medio de las cosas hechas (v. 20). La revelación natural explica por qué incluso los que no han oído una sola palabra de la revelación especial (es decir, la Escritura) tienen un conocimiento innato de Dios y una consciencia interior de moralidad. Por eso el apóstol Pablo dijo que nadie tiene excusa para no conocer y honrar a Dios (v. 21).

En este sentido, los cristianos deben entender que los mejores argumentos de la ley natural para el matrimonio nos ayudan a entender aquello que la Escritura revela de manera más completa. La lectura del trabajo de los teóricos de la ley natural puede aportar una nueva apreciación de cómo se manifiesta la gloria de Dios en la institución del matrimonio. Nos recuerdan que los seres humanos son creados como hombres y mujeres, y que Dios ha dado a los portadores de su imagen el modelo completo de la civilización y el desarrollo de la humanidad.

No obstante, la autoridad suprema para el conocimiento y la afirmación de estas verdades no es la ley natural, sino las Sagradas Escrituras. Este es precisamente el punto en el que los cristianos evangélicos, que basan su concepto de autoridad religiosa totalmente en el principio de *Sola Scriptura*, deben afirmar que solo la Escritura es la autoridad final. Como dijo tan enfáticamente el gran reformador Martín Lutero, la Escritura es *norma normans non normata*, la norma de las normas que no puede someterse a otras normas.

Sin embargo, hay otras fuentes de conocimiento, siempre consideradas a la luz de la Escritura, que pueden ayudarnos a afirmar y aplicar lo que la Biblia enseña. Así es como los cristianos evangélicos debemos ver la ley natural. Debemos juzgarla según las Escrituras, pero también debemos permitir que los argumentos de la ley natural, cuando sean coherentes con las Escrituras, nos lleven a una comprensión y apreciación aún más profunda de la bondad de los dones de Dios para con nosotros.

En un importante simposio sobre la homosexualidad celebrado hace más de veinte años, mi amigo y mentor, el difunto Carl F. H. Henry, y yo fuimos invitados a tratar los temas de la autoridad, la ley natural y la homosexualidad. El doctor Henry y yo acordamos no revisar el contenido de nuestras presentaciones hasta después de haberlas hecho. Una vez finalizada la conferencia, ambos nos sorprendimos al ver que ambos nos sentimos obligados a abordar la importancia de los argumentos de la ley natural y a instar a los evangélicos a no depender nunca de los argumentos de la ley natural a expensas de la Escritura. Mi preocupación, entonces y ahora, era que recurrir constantemente a estos argumentos confundiría a los cristianos evangélicos en cuanto a la razón principal por la que definimos el matrimonio como lo hacemos: como un acto de obediencia al Dios vivo.

En este punto, los evangélicos debemos simplemente recordar que Pablo no solo afirma la ley natural en Romanos 1, sino que también nos dice lo que sucederá en un mundo caído. Los seres humanos muestran la firme habilidad de convencerse a sí mismos de que no saben aquello que Pablo insiste en que *sí* saben. Los seres humanos destacan por reprimir la verdad de Dios con injusticia (Ro 1.18). Dicho de otro modo, la rebelión y el pecado del hombre son la única y suficiente explicación de por qué los seres humanos siguen sus propios instintos morales en lugar de someterse a la ley natural.

En todo caso, el problema de argumentar contra el matrimonio entre personas del mismo sexo debería ayudar a los cristianos a llegar a un entendimiento más profundo de los argumentos *a favor* del matrimonio tal como se revela en las Escrituras: la unión fiel, monógama y vitalicia de un hombre y una mujer en toda su gloriosa amplitud. Pero ese argumento también subraya el hecho de que el matrimonio entre personas del mismo sexo es, según las Escrituras y la tradición cristiana, algo imposible. Según algunos gobiernos y tribunales, el matrimonio entre personas del mismo sexo es ahora una realidad. El cristiano de hoy solo puede ver esta paradoja con un sentimiento de preocupación y estupor.

5

LA REVOLUCIÓN TRANSGÉNERO

La generación actual a menudo se encuentra con material que ninguna generación precedente podría haber comprendido. Consideremos una reciente columna de opinión de Jennifer Finney Boylan en el *New York Times* titulada «Yo tuve una infancia, una vez». Al escribir sobre sus tres hijos, reflexionaba sobre su infancia en verano y sobre «lo que significa ser un niño en este país, y cómo ha cambiado la infancia con el tiempo». A mitad del artículo, Boylan sorprendía al lector con una sorprendente revelación: «También tuve veranos así en los años sesenta, y, aunque me hice mujer en la adultez y tuve que luchar con el tema del género hasta entonces, no es menos cierto que tuve una infancia, y que muchos de sus momentos fueron bastante felices».[1] Ninguna generación anterior podría entender esta afirmación. Sin embargo, su columna anuncia una realidad colosal que no podemos ignorar: la revolución transgénero ha llegado.

La revolución transgénero

Una reciente historia de portada en *Time* marcó un hito importante en la revolución transgénero. Como la autora de la historia, Katy

Steinmetz, reportó a casi un año de la legalización del matrimonio entre personas del mismo sexo por parte del Tribunal Supremo: «Otro movimiento de derechos civiles está a punto de desafiar las normas y creencias culturales arraigadas desde hace mucho tiempo. Las personas transgénero [...] están saliendo de los márgenes para luchar por un lugar de igualdad en la sociedad».[2]

Según Steinmetz, la revolución transgénero está lejos de ser lo que quiere, pero el tono general del artículo y el valor simbólico de una historia de portada para *Time* indican que ya ha llegado un momento cultural significativo para dicha revolución.

En cuanto a los obstáculos a los que se enfrenta esta revolución, Steinmetz cree que el mayor es la preestablecida definición binaria del género en la cual se mueven las personas en este mundo. Esta definición de género no es un desarrollo reciente, por supuesto. Esa comprensión binaria de los seres humanos como hombre y mujer ha sido fundamental para la experiencia humana y para nuestra concepción de nosotros mismos a lo largo de la historia. La capacidad de «transformar» el género y de someterse a una «cirugía de cambio de sexo» es tan nueva que ni siquiera se la consideraba una parte importante del movimiento de los derechos homosexuales cuando surgió en los años sesenta.

Hoy en día, la revolución transgénero está logrando el impulso que sus activistas buscaban. La portada de *Time* tiene la intención de acercar con autoridad las cuestiones transgénero a la clase media estadounidense. Steinmetz hizo todo lo posible para mostrar a la clase media de Estados Unidos por qué ha llegado la revolución transgénero y por qué hay que acogerla con actitud favorable.

Steinmetz dejó clara su posición cuando dijo a los estadounidenses la manera en que deben entender la distinción entre sexo y género, y las preferencias sexuales. Dicho en sus palabras: «Las preferencias sexuales, en cambio, son un asunto aparte. No hay correlación concreta entre la identidad de género de una persona y sus intereses sexuales; una mujer heterosexual, por ejemplo, podría empezar a vivir como hombre y seguir sintiéndose atraída por los hombres. Una explicación citada con frecuencia es que la orientación sexual determina con quién quieres acostarte y la identidad de género determina qué papel quieres desempeñar en la cama».[3]

Ese párrafo pone del revés a toda una civilización. Argumentar que debemos hacer una distinción clara entre *con quién* quiere acostarse un individuo y *qué papel* quiere desempeñar en la cama exige el desmantelamiento de toda una cosmovisión y toda una estructura de pensamiento.

Por eso la revolución transgénero, más que el movimiento de liberación gay, socava las estructuras más básicas de la sociedad. Por mucho que el movimiento de liberación gay rechace la moral sexual tradicional, la enseñanza autoritativa del cristianismo histórico y las sanciones morales de prácticamente todas las civilizaciones, no llega hasta el punto de rechazar las distinciones de género ni de sexo biológico. Al contrario, la categoría psiquiátrica de «inversión», utilizada por los médicos hace décadas para explicar la homosexualidad, sugería que un sentido de género exagerado arraigado en el sexo biológico causaba una orientación homosexual.

La revolución transgénero, sin embargo, socava cualquier comprensión de la identidad humana basada en la tradición cristiana, la trayectoria de la civilización occidental y la cosmovisión que ha dado forma al mundo actual. En algunos países europeos, los centros preescolares ya prohíben el uso de pronombres de género. Se están intentando prohibiciones similares en Norteamérica, sobre todo en Vancouver, Columbia Británica. Erradicar los pronombres y terminaciones de género tales como «niña» y «niño» representa la negación de la definición que la Escritura hace de nuestra humanidad. Por eso la revolución transgénero representa un desafío que no podemos eludir.

Además, la revolución transgénero representa uno de los desafíos pastorales más difíciles a los que se enfrentará esta generación de cristianos. En las iglesias hay personas que tienen problemas con la confusión de género, así como personas que tienen luchas con la atracción hacia el mismo sexo. Este tipo de confusión afecta al núcleo mismo de nuestro ser y no la podemos expulsar a la periferia de nuestra conciencia. Nuestra identidad de género es fundamental para conocernos a nosotros mismos. Una respuesta bíblica a la revolución transgénero requerirá que la iglesia desarrolle nuevas habilidades de compasión y comprensión en nuestro encuentro con personas, tanto dentro como fuera de nuestras congregaciones, que sostienen estas luchas.

Los propios historiadores del movimiento reconocen la novedad de la revolución transgénero. Muchos historiadores señalan la década de 1990 como la aparición de un impulso significativo en el movimiento transgénero.[4] Sin embargo, incluso entonces, a la mayoría de los estadounidenses les pareció que se trataba de un movimiento radical en la periferia de la cultura.

La revolución transgénero es tan reciente en el escenario que la mayoría de los estadounidenses ni siquiera están seguros de cómo hablar de ella. En su artículo de *Time*, Steinmetz se esforzó por aclarar las cosas, distinguiendo entre transgénero, travestido y transexual. Los pioneros de la revolución transgénero eran identificados como travestidos, lo cual lingüísticamente se refería principalmente a la vestimenta y al *crossdressing*. Aquellos que cambiaban su género sumergiéndose totalmente en el género opuesto a su sexo biológico eran llamados transexuales. Hoy en día, un transexual puede o no haber sido sometido a una cirugía de cambio de sexo o a tratamientos hormonales, pero se ha realizado una declaración muy clara para su identificación como del sexo opuesto. Transgénero significa exactamente lo que parece: moverse por y más allá de la categoría de género tal como se ha definido en el pasado. Esto por sí solo revela la amplitud de esta revolución.

Lo cual plantea un asunto interesante. La palabra «transgénero» carecería de sentido para alguien que hubiera muerto hace apenas una generación. En el uso común del inglés, el género era una categoría poco frecuente, tomada esencialmente de las lenguas europeas que distinguían los sustantivos por género. En Estados Unidos, la palabra sexo es más común para describir a hombres y mujeres, y es una de las razones por las que el movimiento feminista se calificó como «batalla de sexos» y no como «batalla de géneros» en los años sesenta.

La distinción entre sexo y género no es solo una cuestión de elección lingüística, es esencial para la cosmovisión del movimiento transgénero. El movimiento hace una distinción clara entre el *género*, que se refiere a la comprensión de uno mismo, y el sexo de un individuo, que se refiere al sexo biológico determinado en el nacimiento. Según Human Rights Campaign, el *género* «se refiere a los roles, comportamientos, actividades y atributos construidos socialmente que una sociedad determinada considera apropiados para hombres y mujeres. El género varía según las culturas y épocas. Existe una amplia variación en la forma en que los individuos experimentan y expresan el género».[5] El *sexo*, por otro lado, se refiere a «los atributos biológicos y físicos de cada uno: los genitales externos, los cromosomas sexuales, las hormonas y las estructuras reproductivas internas que sirven para asignar un sexo en el momento de nacer (femenino, masculino o intersexual)». También se conoce como sexo biológico, sexo anatómico o sexo de nacimiento.[6]

Tal como aclara la definición de Human Rights Campaign, la revolución transgénero requería algo que el movimiento de liberación homosexual, al menos en sus primeras etapas, no necesitaba: la llegada del posmodernismo como movimiento intelectual. Uno de los principios centrales del posmodernismo es que la «realidad» misma es una construcción social. En otras palabras, la realidad no es un hecho objetivo ni una verdad integral, sino un conjunto de ideas y sistemas sociales construidos socialmente y utilizados por los poderosos para contener y oprimir a los desfavorecidos. Una de las principales preocupaciones del posmodernismo era su pretensión de liberar a quienes sufrían de la opresión causada por el patriarcado, el capitalismo o la civilización cristiana.

La condición de minoría reconocida es la que define más a menudo a los que necesitan la liberación.

La revolución transgénero habría sido imposible sin este desarrollo posmoderno, ya que la idea del género como realidad construida socialmente es indispensable para la cosmovisión transgénero.[7] Los pioneros y teóricos transgénero emplearon la cosmovisión del posmodernismo en su afán por derrumbar y desmantelar las nociones tradicionales de sexo y de género, las cuales, desde su punto de vista, son inherentemente opresivas. El proyecto de liberación pretende llevar a la humanidad más allá de las nociones tradicionales de sexo y género y, como sostienen algunos activistas, más allá de la noción misma de género. Al mismo tiempo, la inviabilidad de esta cosmovisión para la mayoría de los estadounidenses explica por qué la mayor parte continúa pensando según el modelo «binario» que ve a los seres humanos como hombres y mujeres.

Sin embargo, estas cuestiones requieren una reflexión minuciosa. Los cristianos no debemos negar que las nociones de masculino y femenino están, hasta cierto punto, construidas socialmente. Los hábitos sociales, las fuerzas del mercadeo, las experiencias personales y las expectativas culturales influyen en nuestro concepto de masculino y femenino. Pero esto no significa que la concepción básica de la humanidad como hombres y mujeres sea en sí misma una construcción social. Esa es la reivindicación central y el impulso intelectual del movimiento transgénero.

Como sucede con el movimiento de liberación homosexual, el movimiento transgénero recurrió a teólogos liberales que contribuyeron a impulsar su causa. Una de las autoridades teológicas más citadas en el movimiento transgénero es Virginia Ramey Mollenkott, quien, en un momento de su vida, se identificó como evangélica y fue pionera del Evangelical Women's Caucus (Caucus de Mujeres Evangélicas).[8] En la actualidad, Mollenkott aboga por el concepto de «omnigénero», que promete vencer los conflictos de género negando por completo la realidad objetiva de la perspectiva de género.[9] De esta forma, ella contradice a las Escrituras y a cómo las ha interpretado la iglesia por dos mil años.

Al abogar por su noción de omnigénero en la sociedad en su conjunto, Mollenkott, basándose en el trabajo de Martine Rothblatt,[10] anticipa un futuro en el que todas las personas «tendrían su propia sexualidad única, enamorándose de otra persona en razón de la respuesta emocional a la totalidad de su ser, y no a sus genitales».[11] Por otra parte, los registros del gobierno, tales como las partidas de nacimiento y los permisos de conducir, no registrarían el sexo ni el género. El nuevo futuro también garantizaría a un individuo el derecho a «controlar y cambiar su propio cuerpo» por medio de cualquier cosa, desde la cirugía estética hasta los tratamientos hormonales, pasando por la cirugía de cambio de sexo. Los baños también serían «unisex»: «En su interior, se parecerían a los baños de mujeres de la actualidad: sin urinarios, solo inodoros cerrados en espacios privados».[12] Luego, ella imagina un futuro en el que «a los niños se les enseñaría a sentarse a orinar, sin tener en cuenta sus genitales».[13] Para esto se necesitaría un «espacio de baño público [que estuviera] bajo vigilancia de video automática».[14] La revolución omnigénero exigiría el abandono de los «pronombres binarios (él/ella; suyo/suya) en pro de la formulación de términos de género inclusivo».[15] Por otro lado, las prisiones y los deportes dejarían de estar divididos en función del sexo o el género. De hecho, no se dejaría intacta ninguna faceta de la sociedad.

Transformar la forma en que los niños y niñas piensan sobre el género es, en la práctica, un aspecto central del movimiento transgénero. Esto es evidente en Welcoming Schools, un proyecto de la Human Rights Campaign destinado a fomentar los objetivos del movimiento en las escuelas públicas. Los padres de los niños de la Escuela Primaria Janney de Washington, D. C., se dieron cuenta de lo que planeaba el proyecto de Welcoming Schools para sus hijos cuando un maestro se declaró transgénero y anunció que ahora se llamaría «Sra. Reuter», y no «Sr. Reuter». La directora de la escuela envió un correo electrónico a los padres anunciando cómo se explicaría a los niños la transición del señor Reuter a señora Reuter. Se instruyó a los padres para que informaran a sus hijos que el género es una realidad construida socialmente y que la transición del señor Reuter a señora Reuter debía recibirse como una oportunidad para que la escuela y sus alumnos mostraran su compromiso con la libertad y el respeto.[16]

Después de recitar las definiciones de *género, identidad de género, sexo, transgénero* y *transición de género* que ofrece Human Rights Campaign, la directora sugirió que los padres deberían estar preparados para educar a sus hijos en esta cosmovisión. A los padres que no estaban dispuestos a presentar esta cosmovisión a sus hijos se les pidió que se formaran para poder compartir la cosmovisión y ayudar a sus hijos a entender cómo se convirtió el señor Reuter en la señora Reuter.

La directora, que está casada con su pareja lesbiana, también propuso «un amplio abanico de educadores, expertos y colegas» a los que los padres podrían consultar. Algunas de las personas sugeridas por la directora defienden prácticas sexuales y estilos de vida que sin duda están fuera de lo imaginable para algunos de los padres. El adoctrinamiento de los niños incluía la definición de «identidad de género» como «cómo se siente uno por dentro; el sentimiento que uno tiene de ser niña/mujer, niño/hombre, de estar en algún punto intermedio o fuera de esas categorías».[17] Por lo tanto, a los niños en edad de asistir a primaria se les está diciendo que deben entender la identidad de género no solo como categorías de niños y niñas, sino incluso como identidades de género «en algún punto intermedio o fuera de esas categorías.»

En respuesta al correo electrónico de la directora, la columnista Mary Hasson refutó: «Dos milenios de perspectiva filosófica, científica y religiosa desaparecen sin más en la presentación dogmática [de la directora] del género como una construcción social y de la identidad de género como una realidad basada en el sentimiento, desconectada del sexo biológico de la persona».[18]

A medida que el conocimiento público de las cuestiones transgénero comenzó a extenderse, en la década de 1990, se produjeron acontecimientos que fascinaron a los estadounidenses, aunque los dividieron por criterios morales. Oprah Winfrey, cuyo programa de televisión lo veían millones de estadounidenses, se convirtió en una de las principales defensoras de las cuestiones transgénero, particularmente entre los niños. Su programa presentaba a niños pequeños que manifestaban su deseo de cambiar de género. Winfrey, a la que se sumaba su público del plató, expresaba a menudo su indignación por los padres que no estaban dispuestos a permitir que sus hijos y adolescentes jóvenes se sometieran a una operación de cambio de sexo. Del mismo modo, a ambos lados del Atlántico, las agencias de noticias contaban historias de padres —partidarios de la revolución de género— que declaraban que iban a criar a sus hijos sin tener en cuenta el género. Sin embargo, estos experimentos terminaban por lo general en cuanto el niño era capaz de pensar y comunicarse en términos de género.

Al final, esos padres descubrieron lo que prácticamente todos los padres saben: que los hijos se identifican a sí mismos en función de su sexo biológico. Incluso lo hacen en contra de los consejos e instrucciones de los militantes de la revolución del género. Por eso, el proceso de presentar al señor Reuter como señora Reuter en la Escuela Primaria de Janney exigió una estrategia tan completa de relaciones públicas y comunicaciones por parte de la administración. Como señaló Hasson, era poco probable que el esfuerzo tuviera éxito entre los niños, por mucho que los educadores y sus «expertos» lo intentaran.

De momento, los padres deben reconocer que los programas autorizados de educación sexual en muchas escuelas públicas reflejan este cambio ideológico. Además, la industria del entretenimiento y los productores de cultura popular trabajan con ahínco para presentar historias, personajes y temas transgénero. Sin embargo, en gran medida, todavía no pueden superar las concepciones «binarias» de hombre y mujer con las que sigue pensando la mayoría de los estadounidenses.

Algunos activistas transgénero reconocen que el esfuerzo no está funcionando. Incluso una historia de portada en *Time* con un importante actor transgénero sigue siendo demasiado revolucionaria y extralimitada para millones de estadounidenses.[19] Una vez más, se demuestra que la revolución transgénero es aún más revolucionaria que la revolución homosexual.

Además, las complicaciones son innumerables. Un reportaje de noticias de Arizona señalaba que un individuo que había aparecido en los medios de comunicación como el «hombre embarazado» se había divorciado. Thomas Beatie, como ahora se le conoce, nació mujer, pero se sometió a una operación de cambio de sexo en 2002, aunque dejó intactos sus órganos reproductivos femeninos. Esto llegó a ser un problema importante cuando Beatie se casó con una mujer y tuvo un bebé por inseminación artificial. En la concesión del divorcio, el tribunal de apelaciones de Arizona tuvo que rechazar una sentencia previa de un juez del tribunal superior que decía que Beatie no estaba realmente casada. El juez dictaminó que el matrimonio era en realidad de dos mujeres, ya que el «hombre embarazado» había dado a luz. Al no tener otra forma de expresar su razonamiento jurídico, el juez se limitó a decir que el matrimonio «era entre una mujer [...] y una persona capaz de dar a luz, y que más adelante lo hizo».[20]

De nuevo, asistimos al colapso de toda una civilización. Encontramos aquí a un juez que solo puede explicar los hechos que tiene delante como mujer casada con «una persona capaz de dar a luz, y que más adelante lo hizo». En cualquier generación anterior, aquí no habría habido confusión. Toda persona «capaz de dar a luz» es una mujer a la que justamente se califica de mujer. La fascinación de los medios de comunicación por un «hombre embarazado» indica tanto el alcance de la revolución como el conflicto con el sentido común y la identidad personal. Si el movimiento de liberación homosexual obtuvo su mayor impulso cuando logró convencer a muchos estadounidenses de que sus objetivos no eran una amenaza, puede ocurrir lo contrario en el caso de los activistas de la revolución transgénero. Los padres de la Escuela Primaria de Janney y los vecinos del «hombre embarazado» no están convencidos de que se trate de una revolución inofensiva, aunque se diga lo contrario. El tortuoso lenguaje de este juez de Arizona revela la inverosimilitud de la cosmovisión transgénero.

El fin del género y el desafío de la agenda transgénero

Como veremos, la revolución transgénero introduce una dimensión desconcertante en el desafío al que se enfrentarán las iglesias, las familias y las instituciones cristianas con respecto a la libertad religiosa. Así lo demuestran las recientes controversias en la Universidad Bautista de California y en la Universidad Azusa Pacific. En el caso de la Universidad Azusa Pacific, una profesora y expresidenta del departamento de Teología anunció su intención de convertirse en hombre. Ella se sorprendió cuando la universidad cristiana consideró que su anuncio era incompatible con su código moral.[21] Pocos días después, la Universidad Bautista de California en Riverside fue noticia nacional al expulsar a un estudiante de sexo masculino que había aparecido en los medios de comunicación reivindicando una nueva identidad como mujer transgénero. En vista de la ley de California y de las políticas gubernamentales de no discriminación, ambas instituciones tuvieron que defenderse.[22] Además, ambas están acreditadas por agencias regionales que tienen sus propias políticas de no discriminación. Cuando consideremos la libertad religiosa en el capítulo 8, veremos que la revolución transgénero plantea un conjunto singular de desafíos relacionados con la admisión, la contratación y el alojamiento para las escuelas. Por supuesto, si continúa la escalada de la revolución transgénero, estos retos se intensificarán.

La realidad es que la revolución transgénero no tiene fin; la perseverancia es una de sus dinámicas principales. Consideremos las siglas con que se identifica el movimiento organizado de liberación homosexual. Durante los últimos veinte años, el movimiento se identificó como LGTB, que representaba a lesbianas, gais, transexuales y bisexuales. En los últimos años, el movimiento se ha fragmentado debido al ilimitado y radical aumento de grupos que se identifican como minorías sexuales, cada uno de los cuales exige su propio programa, liberación y reconocimiento público. Allan Metcalf, que escribe sobre temas académicos en el *Chronicle of Higher Education*, ha argumentado que los educadores «nos hemos dado cuenta de que no tenemos que conformarnos con una etiqueta impuesta por los demás, sino que debemos elegir nuestra identidad de género por nosotros mismos para decidir si somos homosexuales o heterosexuales, masculinos o femeninos, algo intermedio o nada de lo mencionado».[23] Una vez más, el «algo intermedio o nada de lo mencionado» revela que esta revolución moral es inagotable y está en continua expansión.

Combinando las iniciales de uso general para los grupos sexuales minoritarios reconocidos, Metcalf creó la abreviatura «LGBTQQ2IA».[24] Según él mismo reconoció, algunos activistas homosexuales han visto estas siglas como algo engorroso y en su lugar han optado por QUILTBAG, que significa «*Queers*/Cuestionantes, Indecisos, Intersexuales, Lesbianas, Transgénero/Transexuales, Bisexuales, Afines/Asexuales, Gais/ *Genderqueer*».[25] Hablando de los estudiantes, Metcalf simplemente indicó: «Así que los jóvenes de hoy tienen que tomar decisiones a las que nunca habían tenido que enfrentarse. Y no es una elección de una sola vez; pueden cuestionarse y redefinirse en cualquier momento».[26] Es difícil expresar lo radical que es esta afirmación. La revolución transgénero progresa de tal manera y a tal ritmo que se puede generar una serie infinita de iniciales para crear unas siglas que los jóvenes pueden cambiar a su antojo. Disponen de un sinfín de permutaciones. No es de extrañar que el lenguaje sufra con el peso de semejante revolución.

En una continuación de «LGBTQQ2IA», Allan Metcalf escribió otro artículo titulado «¿Cuál es tu PGP (pronombre de género preferido)?»:

Es una pregunta que no teníamos que responder en el siglo veinte. De hecho, es una pregunta que hasta hace poco no existía [...]. Hoy entendemos que la anatomía no es el destino; tú decides si quieres que te llamen lesbiana, gay, bisexual, transgénero, homosexual, *queer* o cuestionante, intersexual, asexual, o de otra manera. No te equivocas. Es tu elección, nos han dicho. Hemos llegado al punto en que, sin que importe tu anatomía, puedes elegir tu identidad de género. Y puedes optar por cambiar tu identidad de género con la frecuencia con que te cambies de ropa.[27]

De esta nueva realidad surge una pregunta que nunca antes habíamos tenido que hacernos: ¿qué pronombres deben usar los demás para hablar de ti? Es decir, ¿cuál es tu PGP? De hecho, el grupo conocido como Gay Straight Alliance for Safe Schools (Alianza gay heterosexual para escuelas seguras) ha publicado un artículo titulado «What the hell is a "PGP"» (¿Qué diablos es un PGP?) que ofrece una gran cantidad de opciones más allá de las opciones binarias «él/ella» y sus variantes.

Algunas personas prefieren que se usen pronombres de género neutro o de género inclusivo cuando se habla con o sobre ellas. En inglés, los pronombres singulares de género neutro más comúnmente usados son **ze** (a veces escrito **zie**) y **hir**.* «Ze» es el pronombre personal de sujeto y se pronuncia /zi/, y «hir» es el pronombre personal de objeto directo o indirecto y el pronombre posesivo y se pronuncia /hir/. Así es como

---

* No existen equivalencias válidas en español para estos ejemplos. «Ze» es un híbrido artificial de *he* (él) y *she* (ella); «hir» es un híbrido artificial de *him* (a él, suyo, de él) y *her* (a ella, suyo, de ella). En nuestro idioma, sin embargo, algunos también propugnan cambios en los pronombres, como el uso del pronombre inventado «elle» en lugar de «él» o «ella», la terminación de palabras en «e» en lugar de «a» u «o», y, a la hora de escribir, el uso de «@» en lugar de la vocal que identificaría el género gramatical (N. de T.)

se utilizan: «Chris es la persona más alta de la clase, y *ze* [pronombre nuevo] es también *l@* que corre más rápido». «Tanzen se va a Hawái a descansar con *hir* [sus] padres. Cuánto *l@* envidio».[28]

Pero, en muchos campus universitarios de todo el país, el uso de los PGP no es una mera sugerencia. Más bien, las administraciones, mediante la legislación escolar sobre códigos de lenguaje, están haciendo que los profesores, administradores y compañeros de clase utilicen estos pronombres.[29] Y, por supuesto, lo que sucede en el campus universitario estadounidense nunca se queda allí, ni se pretende que se quede. Estos códigos de lenguaje terminarán por llegar a las escuelas secundarias, jardines de infancia y preescolares locales. En última instancia, pueden convertirse en el único modo aceptable de expresión en la esfera pública.

El movimiento transgénero y la respuesta de la iglesia

La respuesta cristiana al movimiento transgénero debe comenzar con las Escrituras. La Biblia valora como parte de la bondad del orden creado por Dios aquello que el movimiento transgénero desecha como el «sistema binario de género». Génesis 1-2 presenta nuestra condición de varón o mujer como esencial para nuestra identidad propia, no solo como seres humanos que forman una familia, sino como individuos. Cada individuo está hecho a imagen y semejanza de Dios. Como Denny Burk argumentaba acertadamente: «No nos atrevemos a perder de vista que Dios creó la diferenciación sexual. Los términos *varón* y *mujer* no son construcciones culturales. No se trata de roles sociales impuestos a la humanidad a través del crecimiento de la cultura y la tradición. *Varón* y *hembra* designan la distinción fundamental que Dios ha incorporado en la biología misma de la raza».[30]

Nuestra identidad como hombre o mujer no es el resultado de un accidente biológico. No nos lo impone el doctor en el parto. No nos lo imponen las expectativas sociales, los hábitos morales ni los significados culturales de nuestra sociedad. Nuestra identidad como hombre o mujer es lo que somos. Quienes nacen como intersexuales, hermafroditas o con genitales ambiguos nunca deben ser tratados como si fueran menos humanos. Nos recuerdan dos verdades de suma importancia. Primero, todos somos igualmente hechos a la imagen de Dios y todos nosotros somos igualmente capaces de manifestar la gloria de Dios en nuestra existencia como criaturas, de la misma manera que todos somos igualmente responsables ante Dios como nuestro Creador. Segundo, nos recuerdan que las consecuencias del pecado de Adán afectan incluso nuestra estructura cromosómica. El sexo biológico ambiguo nos muestra que hasta nuestra biología evidencia nuestra caída.

Lo que distingue al movimiento transgénero es la intención de cambiar la identidad de género que uno tiene a partir de su sexo biológico. De hecho, ahora el movimiento está impulsado por afirmaciones de que el sistema mental de un individuo es incompatible con el cuerpo. Cada vez más escuchamos el argumento de que un individuo se está «arreglando» el cuerpo para que se corresponda con la consciencia de dicho sujeto. Los cristianos debemos pensar con mucho cuidado a este respecto. Debemos recurrir a la Escritura para entender cómo situar este desafío moral en la historia que nos ofrece la Escritura y de acuerdo con lo que enseña la Palabra de Dios. Por lo tanto, sostenemos sin titubeos que nacer varón es nacer varón y que nacer mujer es nacer mujer.

El sistema binario de género se basa en una realidad biológica que no es una construcción social. Admitiendo que en el mundo caído toda sociedad acumula ideas socialmente construidas acerca del género que a menudo son erróneas e inconsistentes con las Escrituras (y que por lo tanto deben ser enfrentadas y corregidas), el cristiano está obligado, bajo la autoridad de las Escrituras, a insistir en que el género asignado por medio del sexo biológico no es un accidente. Afirmamos que el sexo biológico es un don de Dios para cada individuo y para la comunidad humana a la que pertenece.

Esto significa que los cristianos debemos enfrentarnos a la ideología transgénero desde sus cimientos, a la vez que admitimos que con frecuencia la iglesia ha tomado de la cultura suposiciones y expectativas sobre el género que son construcciones sociales y no están sustentadas por la Biblia. Además, debemos admitir que los cristianos hemos pecado contra las personas transgénero y contra los que lidian con tales cuestiones al darles explicaciones simplistas que no toman en cuenta la profunda angustia espiritual y personal de quienes pasan por esas luchas.

Por otra parte, debemos entender que el argumento que sostiene que el cerebro está configurado de manera diferente al cuerpo no justifica las razones para la cirugía de reasignación de sexo ni la opción transgénero. Más bien, demuestra la fractura de la creación y los efectos del pecado humano. Para el cristiano es una oportunidad de responder con el mensaje del evangelio y con el reconocimiento de que cada cristiano es un individuo fracturado que busca volver a estar completo en el único lugar en el que puede encontrarlo: en la obediencia a la Escritura bajo el señorío de Cristo.

Todo esto apunta a una serie de dilemas pastorales y congregacionales complejos. En su momento, llegarán a las puertas de cada congregación preguntas extremadamente concretas y difíciles. ¿Qué hacemos cuando llega a nuestra iglesia una persona que vive una identidad de género opuesta a su sexo biológico? ¿Cuándo debe ser bautizado y recibido en la congregación un individuo que profesa a Cristo y se arrepiente de sus pecados? ¿Cuál es la expectativa a largo plazo en cuanto a cómo debe demostrarse la obediencia y la sumisión a Cristo en la vida de este creyente? Estas cuestiones se complican aún más con las intervenciones quirúrgicas y otros factores que pueden incidir en la situación pastoral. Algunas de estas cuestiones se abordarán al final de este libro, pero, en este punto, basta decir que todas las congregaciones se enfrentarán a ellas, y es probable que sea más pronto que tarde.

Los cristianos comprometidos con las Escrituras no pueden aceptar la lógica del «omnigénero» ni el esfuerzo por «ir más allá del género», ni siquiera el esfuerzo por difuminar las fronteras de género. La fidelidad nos exige no solo rechazar esta lógica, sino cuestionarla con la enseñanza clara de la Escritura. Además, al hacerlo, no simplemente entramos en un difícil y doloroso escenario de conflicto intelectual e ideológico; entramos en un escenario en el que están en juego los destinos eternos. Cuando entramos en este escenario, nos enfrentamos a principados y potestades con los que ninguna generación cristiana anterior se ha enfrentado.

Como mínimo, la revolución transgénero muestra a los cristianos que el evangelio se enfrenta a ideologías, modelos de engaño y oposición espiritual en cada generación. El hecho de que no luchamos contra carne y sangre, sino contra principados y potestades, nunca es tan dramático e importante como cuando estamos en medio de una lucha. El movimiento transgénero nos recuerda con quién estamos luchando en realidad. Debemos recordar que luchamos esgrimiendo un evangelio que no puede fallar.

La cirugía de cambio de sexo desde una perspectiva teológica y moral

La iglesia también debe responder al movimiento transgénero rechazando tanto la realidad como la moralidad de la cirugía de cambio de sexo. Aunque desde luego debemos solidarizarnos con la angustia y la confusión personales que hacen que una persona busque una opción tan drástica y quirúrgica, no podemos aceptar que un procedimiento de cirugía pueda convertir a un hombre en mujer o a una mujer en hombre.

Asistimos a un esfuerzo masivo de autoengaño de la sociedad sobre esta cuestión. Asimismo, asistimos al fracaso de ese autoengaño. No hay quien afirme que la estructura cromosómica básica de un individuo pueda modificarse quirúrgicamente o por cualquier otro medio médico. Lo único que de hecho se produce es la amputación de órganos combinada con procedimientos cosméticos que intentan crear la impresión de un sexo en lugar del otro. A esto se suman los tratamientos hormonales y otros procedimientos que tratan de mejorar la armonización de la morfología corporal con la nueva identidad de género.

Los cristianos no podemos evitar la conclusión moral de que esto equivale a una mutilación del cuerpo. La cosmovisión bíblica insiste en que nuestro cuerpo demuestra de verdad el amor de Dios por nosotros, su don para con nosotros, y parte de su propósito y plan para nuestras vidas. En este sentido, amputar y reformar cosméticamente el cuerpo es un acto que desafía el propósito del Creador. Cuando uno pudiera decir que existe una desconexión entre la conciencia de sí mismo y el cuerpo, el cristiano debe aconsejar tierna y compasivamente que es la parte mental —es decir, la conciencia de sí mismo y el sentido de la identidad personal— la que debe conformarse al cuerpo, y no amoldar el cuerpo a la errónea percepción de sí mismo que tiene el individuo.

En este punto, debemos señalar que cada uno de nosotros está afectado por una percepción errónea de sí mismo. Nuestra percepción de nosotros mismos, ya sea en este asunto o en cualquier otro, debe ser corregida por las Escrituras. Además, la Biblia misma confirma que nuestros cuerpos no son accidentes que nos suceden, sino parte de la intención de Dios para con nosotros. La confianza de David en que Dios lo tejió en el vientre de su madre (Sal 139.13) afirma que no somos un accidente en ninguna área de nuestras vidas. Las narraciones de la infancia de Juan el Bautista y Jesús revelan que su sexo biológico era importante incluso antes de que nacieran (Lc 1). Como dador de la vida, nuestro Creador nos conoce antes que nadie. Antes de que nuestra madre sepa que estamos en su vientre, el Creador, que nos hizo así para su gloria y la nuestra, nos conoce como hombres o mujeres.

Curiosamente, ahora incluso algunas autoridades médicas insisten en que la cirugía de cambio de sexo no solo es desaconsejable, sino un error. Paul McHugh, ex psiquiatra jefe del Hospital Johns Hopkins, contó que participó en la primera operación de «cirugía de cambio de sexo» de Estados Unidos. Bajo su liderazgo, la Universidad Johns Hopkins se convirtió en el primer centro médico estadounidense en realizar estos procedimientos en la década de 1960.

Reflexionando sobre esto más adelante, McHugh recordó que él y sus colegas realizaron un estudio que comparaba los resultados de las personas transgénero que se sometieron a la cirugía con los de las que no lo hicieron. Escribió: «La mayoría de los pacientes tratados quirúrgicamente se describieron a sí mismos como "satisfechos" por los resultados, pero sus ajustes psicosociales posteriores no fueron mejores que los de los que no se sometieron a la cirugía. Así que en la Hopkins dejamos de hacer cirugía de reasignación de sexo, ya que producir un paciente "satisfecho" pero aún con problemas parecía una razón inapropiada para la amputación quirúrgica de órganos normales».[31]

Los cristianos reconocen que la inclinación de todo corazón humano pecador es la de encontrar seguridad y salvación en algo que no sea Cristo. Si bastara con las pastillas, la terapia o un procedimiento quirúrgico para tratar nuestros problemas, no tendríamos que lidiar con la realidad de nuestro pecado. Y no tendríamos que enfrentarnos a la única provisión para ese pecado, es decir, la expiación realizada por Jesucristo. Al igual que con la revolución de los anticonceptivos, demasiados evangélicos aceptan enseguida la medicalización de una cuestión moral. Debemos tener cuidado de no permitir que la revolución transgénero se convierta en una nueva oportunidad para nuestro fracaso. No podemos permitirnos confundir una definición médica con una realidad moral y espiritual.

Una vez más, son este tipo de conversaciones las que las generaciones anteriores de cristianos nunca necesitaron. Pero, siguiendo adelante, los cristianos deben recordar tres puntos muy importantes. En primer lugar, la herencia intelectual y moral de la tradición cristiana ofrece una valiosa reflexión teológica sobre las cuestiones de género y sexualidad. Debemos evitar las respuestas simplistas y superficiales a los desafíos de nuestro tiempo y recordar la enorme tradición teológica que con gusto heredamos de nuestro pasado. Segundo, debemos siempre recordar que las Escrituras son suficientes para enfrentar estos desafíos (diremos más sobre esto en el capítulo 7). Los cristianos debemos recordar que la suficiencia de las Escrituras nos da una visión integral del mundo que nos capacita para hacer frente incluso a los dilemas éticos más desafiantes de nuestro tiempo. Finalmente, como mencionamos antes, el evangelio ofrece el único remedio real para la fractura sexual. Los desafíos teológicos y pastorales a los que nos enfrentamos en la revolución transgénero son enormes, pero no superan la suficiencia de la cruz y de la resurrección de Cristo.

6

EL FINAL DEL MATRIMONIO

«Era el mejor de los tiempos, era el peor de los tiempos». Esta frase de apertura de *Historia de dos ciudades,* de Charles Dickens, describe muy bien el estado del matrimonio en nuestros días. En la ciudad del matrimonio —es decir, en los sectores de la sociedad donde esta institución se honra y se respeta mucho— al matrimonio le va bastante bien. De hecho, estudios recientes han desacreditado la afirmación, a menudo repetida, de que la mitad de los matrimonios acaban en divorcio. Un análisis más detallado de las estadísticas indica que la mayoría de los matrimonios duran toda la vida. Además, las encuestas muestran que la gran mayoría de las personas casadas se consideran felices, satisfechas y poco dispuestas a plantearse otra condición de vida.[1] En la otra ciudad, sin embargo, los revolucionarios del sexo han subvertido drásticamente el matrimonio. En esa ciudad, este no se respeta y está ampliamente marginado. Es una tierra donde se ha separado el sexo y la reproducción y se han eliminado de los confines del matrimonio. Este está tan desarticulado en la ciudad de los revisionistas que ya hay niños estadounidenses de secundaria que afirman no haber *visto* nunca una boda.

¿Cómo explicamos estas dos ciudades del matrimonio? ¿Cómo es que la institución más central para la civilización y el desarrollo humanos se ha visto eclipsada y marginada en la era moderna? La propia pregunta contiene al menos parte de la respuesta. La modernidad no ha sido buena para el matrimonio. Sin embargo, hay buenos argumentos que demuestran, al menos hasta cierto punto, la contribución positiva de la modernidad al bienestar y la estabilidad del matrimonio. El aumento del nivel educativo, los avances económicos, la mayor seguridad relativa y el desarrollo del Estado democrático moderno han contribuido, en cierto sentido, a la estabilidad del matrimonio entre los cónyuges. Sin embargo, la modernidad tiende, como incluso sus primeros representantes entendieron, a socavar las expectativas y suposiciones que sitúan al matrimonio como la marca que define la edad adulta, la responsabilidad personal, la paternidad y la identidad.

La modernidad y el final del matrimonio

Karl Marx, una de las principales influencias del modernismo, reconoció la influencia de este cuando lo describió con las palabras «Todo lo sólido se desvanece en el aire». La modernidad elimina las estructuras de parentesco, redefine la comunidad, establece al individuo como la principal unidad de significado y desata una ingente cantidad de cambios sociales que tienden a separar a la familia en lugar de a mantenerla unida. De hecho, Marx indicó que consideraba al surgimiento del capitalismo como el enemigo de la familia.

Ciento cincuenta años después, los cristianos conservadores pueden entender y simpatizar con al menos parte de la crítica de Marx. La economía de consumo moderna ha demostrado ser tóxica para el matrimonio y la familia en muchos sentidos. Las compañías modernas no sienten remordimientos de conciencia al trasladar a sus empleados de costa a costa varias veces en unos pocos años. Esta realidad vocacional moderna tiene un impacto descomunal en muchos matrimonios y familias estadounidenses. Los esposos, esposas e hijos se ven desarraigados de las estructuras de apoyo de la amistad y la comunidad, y del sustento de relaciones duraderas. La familia se ve continuamente sumida en entornos nuevos y desconocidos, debido en gran parte a la naturaleza cambiante de los factores económicos.

Antes de la llegada de la modernidad, la identidad personal se constituía en el contexto de relaciones que se establecían mediante estructuras de parentesco y comunidad duraderas. Las personas nacidas hace dos siglos descubrían su identidad en términos de padres, parientes y vecinos. En casi todos los casos, estas comunidades y estructuras de parentesco se establecían a lo largo de años, por no decir décadas y siglos, de continuidad en un único lugar. Henry Adams, un historiador que vivió a finales del siglo diecinueve, señaló que era poco probable que el niño promedio nacido en Estados Unidos antes de 1900 llegara a viajar a más de ochenta kilómetros de su lugar de nacimiento. Las enormes transformaciones de la era moderna cambiaron eso para los estadounidenses.

Por supuesto, no todas estas transformaciones han representado un peligro para el matrimonio y la familia, y nadie en su sano juicio trataría de revertir los verdaderos logros de la modernidad. Sin embargo, los cristianos debemos reflexionar mucho sobre estos temas. Antes de evaluar el impacto del matrimonio homosexual, debemos reconocer que la era moderna ya había comenzado el proceso de transformación del matrimonio.

Los sociólogos Brigitte y Peter Berger contribuyeron a definir la situación explicando que la edad moderna ha convertido a la familia y al matrimonio en un «problema».[2] Los Berger señalan que, en la era moderna, el matrimonio se ha visto desplazado de su estatus de casi universalidad con respecto a su condición de hoy como mera opción contractual. En siglos anteriores, el matrimonio formaba parte del ámbito privado, pero se respetaba en la esfera pública porque era el contexto consensuado para las relaciones humanas más íntimas, comenzando por la relación conyugal entre marido y mujer y extendiéndose luego a su papel como padres. El derecho consuetudinario británico afirmaba que «la casa de cada hombre es su castillo» porque el gobierno entendía el significado público del matrimonio y respetaba esta relación tan privada. El público percibe la responsabilidad de proteger el carácter sagrado de esa relación contra todos los esfuerzos que intentan subvertirla o socavarla.

De manera similar, Christopher Lasch habló del desplazamiento de la familia y el matrimonio de su posición anterior como «refugio en un mundo despiadado» a su estatus actual como institución que se asienta sobre un terreno frágil, en una sociedad en la que el Estado está cada vez más presente y en la que las fuerzas de la era moderna golpean en la puerta de la familia.[3] Lasch advirtió que el matrimonio y la familia se encuentran rodeados ahora de un sinnúmero de «expertos» que pretenden aportar sus propios planes y conocimientos en un terreno que en otro tiempo era privado. Estos expertos de la era terapéutica informan ahora a las parejas casadas de lo que se espera de ellas para su mutua realización. Les dicen a los cónyuges que, si su realización personal se ve de alguna manera limitada por el matrimonio, siempre existe la oportunidad, si no la responsabilidad, de abandonarlo por el bien de la «autenticidad» personal. Es esencial reconocer estas observaciones si queremos entender bien la peligrosa situación en que se encontraba el matrimonio mucho antes de la llegada de la revolución sexual. Una de las tendencias más preocupantes en las sociedades modernas es «la creciente distancia, si no separación, de los padres de sus hijos».[4] La era moderna ha traído un gran aumento en el número de hijos nacidos fuera del matrimonio. De hecho, en muchos de estos casos, el padre ni siquiera es consciente de serlo.

En la vida de la mayoría de estos niños, los padres están ausentes en gran medida, si no del todo. A esto se añade el trauma que el divorcio inflige al matrimonio y a la familia, y la situación se agrava incluso en el caso de los niños nacidos de parejas casadas. Hace poco me senté en un avión junto a un hombre que me explicó que, mientras hacía dos viajes de negocios, primero tenía que volar a una ciudad a varios cientos de kilómetros de distancia para devolver a sus hijos con su exesposa, de modo que pudieran asistir a su primer día de clases. Sentí compasión por este hombre cansado y frustrado. Pero en su situación también vi cómo toda una civilización se desmoronaba. Para él tenía mucho sentido transportar a sus hijos de un hogar a otro a cientos de kilómetros de distancia y, aunque era su padre, hacer que sus hijos lo visitaran en lugar de ser él una presencia constante en el hogar.

Reconocer la subversión del matrimonio en la era moderna es una cuestión de responsabilidad moral al enfrentar el desafío del matrimonio entre personas del mismo sexo en la revolución sexual. Los cristianos conservadores acusan demasiado rápido a los defensores del matrimonio homosexual de ser los enemigos del matrimonio, creyendo que esta institución estaba muy bien antes de que las parejas del mismo sexo empezaran a reclamar el reconocimiento legal de sus uniones. Esto no es honesto desde el punto de vista intelectual, y hay que poner las cosas en su sitio. El daño anterior al matrimonio se puede atribuir a la subversión intelectual, sexual, legal y terapéutica del mismo por parte de los *heterosexuales*.

Como vimos antes, las amenazas al matrimonio y a la salud sexual surgieron con hechos muy anteriores al actual movimiento por los derechos de los homosexuales. La llegada del control de natalidad permitió el desarrollo de la «mentalidad anticonceptiva» que separaba en gran medida, si no totalmente, la procreación del acto sexual y del contexto del matrimonio. La simple lógica revela que, de no haber llegado la revolución de los anticonceptivos, seguiría existiendo un control generalizado de la promiscuidad sexual. Pero esa revolución llegó, y ha sido una realidad por décadas. La separación entre el sexo y la procreación significaba de hecho la separación entre el sexo y el matrimonio.

Todo esto fue obra de heterosexuales que siguieron la lógica moral de la era moderna y sucumbieron a su propia demanda y deseo de realización sexual fuera de los lazos de la fidelidad matrimonial. Si a esto se le añade la revolución del divorcio, la situación se torna aún más desastrosa. Si el control de natalidad y el aborto hicieron que todo embarazo fuera evitable o provisional, la llegada del divorcio sin culpa hizo que todo matrimonio fuera provisional. Muchas parejas ahora toman los votos matrimoniales tradicionales con los dedos cruzados detrás de la espalda. El uso cada vez mayor de los acuerdos prenupciales indica que muchas parejas solo se casan después de haber previsto lo que sucederá si el matrimonio llega a su fin. En la era moderna, el lenguaje del pacto matrimonial es a menudo un mero objeto del protocolo social. En la mente de muchas parejas, es más una declaración de intenciones que un compromiso.

La modernidad ha eliminado muchas de las estructuras, presuposiciones intelectuales y compromisos morales que hacían que el matrimonio fuera seguro y estable. En muchos aspectos, el verdadero debate actual en Estados Unidos es si nuestra sociedad debería o no tratar de superar nuestros trágicos y subversivos experimentos con el matrimonio.

La homosexualidad y el final del matrimonio

Esto nos lleva al debate más intenso de nuestro tiempo: la normalización de las relaciones homosexuales y la legalización del matrimonio entre personas del mismo sexo. Entre los líderes de la comunidad LGTB, la cuestión del matrimonio fue objeto de división desde el principio. Aun cuando figuras como Evan Wolfson, Jonathan Rauch, Andrew Sullivan, William Eskridge y otros promovieron la legalización del matrimonio entre personas del mismo sexo, otros miembros de la comunidad LGTB argumentaron que estos matrimonios representarían una regresión, una traición a la premisa misma de la liberación sexual.

Esta división dentro de la comunidad homosexual se demuestra en las noticias cada vez que un desfile por los derechos gais atrae la atención de los medios. En la mayoría de las grandes ciudades, entre los participantes se encuentran los que quieren asimilarse en la sociedad como parejas casadas con hijos. Muchas parejas gais y lesbianas hacen lo posible por parecerse a Cam y Mitchell de *Modern Family*, deseosos de aparentar estabilidad social, respetabilidad y convencionalidad en su vida privada. Pero los liberacionistas del sexo más radicales a menudo están representados de forma más visible en estos desfiles. No quieren tener nada que ver con el matrimonio entre personas del mismo sexo porque el matrimonio no es una meta, es un obstáculo a superar en el camino hacia la liberación sexual completa.

En cualquier caso, el objetivo es en definitiva el mismo. Una parte del movimiento LGTB cree que conceder a las parejas del mismo sexo el acceso a la institución del matrimonio retrasa el objetivo final de la plena liberación sexual. Por otro lado, los defensores del matrimonio entre personas del mismo sexo ven su llegada como un gran paso adelante en el camino hacia la liberación sexual. En cualquier caso, ambas partes reconocen que la legalización del matrimonio entre personas del mismo sexo redefine radicalmente tanto el matrimonio como la familia.

Las familias gais y el final del matrimonio

Llegados a este punto, debemos considerar otro tema importante: los niños. Las demandas para la legalización del matrimonio entre personas del mismo sexo han cobrado fuerza a medida que los estadounidenses han tomado mayor conciencia de la realidad de que los gais y las lesbianas están criando hijos y organizándose como familias.

La controversia sobre las familias homosexuales surgió por primera vez en la lucha por sus derechos para adoptar niños. Durante los últimos años, la mayoría de los estados han ajustado sus leyes para permitir, de una u otra manera, que las parejas homosexuales adopten. Además, existe una amplia gama de posibilidades de adopción y modalidades de acogimiento que permiten a muchas personas y parejas homosexuales avanzar hacia la paternidad adoptiva.

En general, los estadounidenses han expresado una disposición cada vez mayor para que los homosexuales adopten. Más allá de la adopción, los homosexuales (como individuos o como parejas) tienen un acceso prácticamente ilimitado a las tecnologías reproductivas avanzadas. De hecho, Estados Unidos ha visto más controversia en torno a la legalización del matrimonio entre personas del mismo sexo que en torno a la cuestión de la paternidad.

El impacto de la paternidad homosexual en las vidas de los niños es un asunto de acalorado debate cultural. Un estudio realizado por el sociólogo Mark Regnerus, de la Universidad de Texas, demostró el impacto negativo entre los niños que crecen en el contexto de un hogar homosexual.[5] Regnerus sufrió ataques despiadados por parte de los defensores del matrimonio entre personas del mismo sexo por su estudio. De hecho, en los círculos seculares, ahora se da por sentado que cualquier prueba de este tipo debe descartarse por intolerante y homófoba, como ocurrió durante el juicio de la Proposición 8 en el Tribunal Federal del Distrito de California.

Los defensores del matrimonio tradicional y de la familia natural están en desventaja emocional en este tema, ya que a menudo se presenta al público en términos de una dicotomía estricta: los niños serán educados y cuidados por parejas del mismo sexo o serán abandonados al sistema de hogares de acogida, o algo peor. Esto supone un desafío singular para los cristianos conservadores y otros defensores del matrimonio tradicional. Lamentablemente, muchos cristianos se han precipitado a dar respuestas éticas trilladas a algo que es, en verdad, un serio problema moral. Pero el futuro de la iglesia no puede depender de afirmaciones tan simplistas, irreales y teológicamente anémicas como las que han caracterizado a muchos cristianos en el pasado sobre este tema.

La tradición moral cristiana, sostenida por siglos de serio esfuerzo intelectual, nos recuerda que el rescate de un niño es siempre una acción virtuosa. La pregunta ahora es cómo deben pensar los cristianos acerca de las parejas del mismo sexo que «rescatan» a un niño del sistema de hogares de acogida o de una vida sin familia. La respuesta no es sencilla y requiere una profunda reflexión.

En la actualidad, parece que la sociedad estadounidense ha decidido que las parejas homosexuales masculinas y femeninas que demuestren estabilidad y compromiso social son aptas para ser padres adoptivos. Esto pone a los defensores del matrimonio y de la familia natural en una posición incómoda. Sin embargo, debemos estar siempre dispuestos a manifestar públicamente nuestra alegría por que se cuide a los niños, incluso cuando afirmamos las deficiencias del hogar en el que estos pequeños adoptados encuentran mayor seguridad, amor, cuidado y consuelo.

Esto hará necesario que los cristianos elaboren argumentos más maduros y teológicamente sostenibles que los que hemos traído a la esfera pública hasta ahora. Francamente, nos pondremos en ridículo si sugerimos que sería mejor que los niños fueran consignados al sistema de asistencia social, con pocas esperanzas de ser rescatados, que ser adoptados por padres homosexuales que desean ardientemente dedicarse al cuidado y la crianza de los hijos.

Los cristianos deben afirmar que no es malo ver a un niño feliz, y debemos aplaudir cuando se rescata a un niño del peligro y de una situación de necesidad. Y, por supuesto, debemos reconocer que no es malo esperar que un niño adoptado por padres homosexuales crezca con la mayor felicidad y potencial de prosperidad. Ese es el instinto moral correcto.

Sin embargo, también debemos afirmar que es un error contemplar nuestra situación actual y no expresar oposición a la ruptura que está y estará siempre presente en la falacia que es el matrimonio gay. Mientras que el mundo acepta a las familias homosexuales como un contexto saludable para los niños e incluso las presenta así en los medios, los cristianos debemos recordar que el verdadero contexto para el desarrollo humano es la familia natural, centrada en la unión conyugal de marido y mujer.

Los cristianos debemos recordar también que nos enfrentamos a una situación similar con el divorcio. Después de muchos divorcios, muchos cristianos preocupados por el bienestar de los niños parecían argumentar que, si un matrimonio no se podía restaurar, entonces la ruptura era simplemente imposible de superar. Pero el divorcio no es el final de la historia, ni el límite de nuestra responsabilidad moral. Nuestra responsabilidad después de un divorcio es afirmar que el contexto que lleva al mayor desarrollo y seguridad para los niños se ha roto —y que el pacto matrimonial ha sido violado—, aun reconociendo que los hijos no son responsables de su situación. Lo mismo sucede con los niños que crecen con padres del mismo sexo.

El «tener hijos» y el final del matrimonio

Todo esto plantea otra cuestión grave. Las civilizaciones anteriores no podrían haber comprendido jamás la idea de una «familia gay», ya que las parejas gais no pueden tener hijos. Sin embargo, la aparición de tecnologías reproductivas avanzadas ha cambiado este hecho esencial. Estados Unidos se ha convertido, incluso según los estándares de la Europa liberal y secularizada, en el «Salvaje Oeste» de las tecnologías reproductivas. Ni siquiera tenemos suficientes leyes contra la clonación humana o el uso de tecnologías de clonación. Las parejas cristianas suelen dar por sentado que mientras se utilicen en parejas heterosexuales casadas no hay problemas morales con estas tecnologías reproductivas avanzadas. Pero sí los hay, desde luego. Si solo nos preocupa cuando son parejas del mismo sexo las que tienen acceso a las tecnologías reproductivas avanzadas, los cristianos no estaremos preparados para responder preguntas sobre estas tecnologías de una manera consistente, honesta y fiel.

Por ejemplo, muchos cristianos nunca se han detenido a considerar el asalto a la dignidad humana que a menudo acompaña al proceso de fertilización in vitro (FIV). La separación de la procreación del contexto del acto conyugal ha llevado a que la procreación, en este sentido, pueda separarse totalmente del sexo. Además, el uso de gametos de donantes, incluso por parte de una pareja heterosexual casada, introduce a un tercero ajeno al matrimonio mediante la donación de gametos de espermatozoides u óvulos. Si a esto se añade el creciente mercado de madres de alquiler, la alienación se hace aún más aguda.

Mucho antes de que nos enfrentáramos al dilema de si las parejas homosexuales debían tener acceso a estas tecnologías, los heterosexuales se acostumbraron cada vez más a un mercado abierto de espermatozoides y óvulos, al uso rutinario de la maternidad subrogada, a la entrada de terceros en la unión conyugal por medio de la donación de gametos y a la separación de la concepción y la procreación de las relaciones conyugales dentro del pacto conyugal dentro de un contrato de matrimonio. Los heterosexuales ya han estado redefiniendo lo que significaba «tener» un hijo mucho antes de que las parejas e individuos homosexuales exigieran el acceso a estas técnicas.

En este punto es necesario recordar algunos principios básicos de la lógica moral cristiana. Uno de estos principios es que, cuanto más se aleja un acto de su contexto legítimo, mayor es el potencial de daño. En pocas palabras, esto significa que una pareja heterosexual casada, comprometida con la inserción fiel de cada embrión fecundado en el útero de la mujer, y que no va a abortar ni a desatender a ningún hijo en ninguna etapa de su desarrollo, corre un riesgo moral significativamente menor que una mujer soltera que intenta tener un hijo por medio de la inseminación de un donante, o que una pareja de personas no casadas que desea tener un hijo mediante la utilización de las últimas tecnologías. Cuanto más distanciamos un acto de su contexto moral, mayor es el riesgo moral y mayor es la oportunidad para el pecado y el efecto pecaminoso.

Así, cuando consideramos el tema de las tecnologías reproductivas, debemos recordar que su llegada hace muy posible que una mujer soltera tenga un bebé sin marido e incluso sin coito. Ahora es posible que una pareja casada rechace un embrión que no cumple con sus especificaciones y en su lugar exija un bebé de diseño. Ahora es posible que un varón heterosexual soltero contrate a una madre de alquiler para que dé a luz a un niño, que podría ser concebido con su esperma o mediante alguna otra donación de esperma y óvulos. Todos estos son actos de responsabilidad moral diversa que alejan la concepción y el nacimiento del niño de la unión conyugal en la que debería enmarcarse. Cuanto más nos distanciamos del acto de tener hijos provenientes de la familia natural y de la institución del matrimonio, más se estropea el panorama.

Ahora, consideremos la incorporación de parejas e individuos homosexuales que exigen un acceso igualitario a estas tecnologías al «Salvaje Oeste» de la responsabilidad moral. Al igual que en el caso de la subversión general del matrimonio, los gais y lesbianas llegan bastante tarde al proyecto de desmantelar la paternidad, junto con sus derechos, privilegios y responsabilidades.

Esto nos recuerda, por lo menos, que nuestra responsabilidad de considerar los efectos morales de las tecnologías reproductivas avanzadas no comienza y termina con la cuestión de las parejas del mismo sexo y su acceso a ellas. A un nivel aún más básico, nos recuerda que el final del matrimonio ya nos está mirando a la cara. A medida que todo el proceso de «tener hijos» se ha ido separando aún más del matrimonio, este se ha convertido en una simple opción y no en una expectativa. En cuanto los seres humanos pudieron tener sexo sin hijos e hijos sin sexo, el matrimonio se convirtió simplemente en una mera opción de estilo de vida. Si a esto se añade el cambio en la forma en que Occidente entiende el matrimonio, de pacto a contrato, tenemos la fórmula segura para el desastre social y la subversión del matrimonio.

El final del matrimonio: la poligamia y más allá

Nuestra reflexión sobre el fin del matrimonio no está completa si no entendemos que las revoluciones sociales, morales y legales que han acompañado a la estrategia de la liberación sexual no pueden detenerse con la mera concesión del reconocimiento legal del matrimonio a las parejas homosexuales. Como han advertido los defensores del matrimonio tradicional durante muchos años, la legalización del matrimonio entre personas del mismo sexo abrirá necesariamente la puerta, tanto en la lógica como en la ley, al reconocimiento de la poligamia y de otras muchas formas de relaciones sexuales.

Algunos defensores del matrimonio homosexual han argumentado que esta advertencia no es más que un argumento falaz de «efecto bola de nieve». Pero el hecho es que, una vez que el matrimonio puede redefinirse como algo distinto a la unión monógama entre un hombre y una mujer, puede definirse prácticamente como una cultura lo desee. Además, los argumentos de las parejas del mismo sexo a favor del matrimonio homosexual se basan a menudo en la privacidad personal y el bienestar de los niños, que son los mismos argumentos que podemos esperar de las uniones polígamas y poliamorosas. Esto no es una mera preocupación hipotética; ya es un asunto de litigio actual.

Como mencioné anteriormente, en 2013 los jueces federales de Utah revocaron la prohibición de ese estado contra el matrimonio entre personas del mismo sexo y, en un caso separado, también anularon la ley histórica de ese estado contra la poligamia. Que esto ocurriera en Utah no carece de interés histórico, ya que el gobierno de Estados Unidos le exigió a ese estado que prohibiera la poligamia, entonces común entre muchos mormones, como requisito para su entrada como estado de la Unión. Ahora, la misma legislación exigida por el gobierno federal como condición para entrar en la Unión ha sido declarada inconstitucional por un tribunal federal basándose en el razonamiento que se emplea en los argumentos a favor del matrimonio homosexual y, hay que subrayarlo, a favor de la contracepción y el aborto.

Por lo tanto, la acusación de que los defensores del matrimonio tradicional emplean argumentos de efecto bola de nieve simplemente no se sostiene. Lo falaz es decir que un argumento entra en la falacia del efecto bola de nieve cuando su razonamiento está respaldado por una explicación de causalidad. Como demuestran los recientes procesos judiciales y las discusiones públicas, los mismos argumentos que se utilizan para apoyar la legalización del matrimonio homosexual son los que dejan indefensa a la sociedad para argumentar en contra de la poligamia. La causalidad radica en que la separación de la definición del matrimonio de la unión conyugal y completa de un hombre y una mujer elimina cualquier argumento objetivo en contra del reconocimiento de otras formas de relaciones adultas no reproductivas, consentidas.

Los defensores del matrimonio entre personas del mismo sexo niegan a menudo que existan argumentos legítimos contra la poligamia, el incesto y otras posibilidades sexuales basándose en pruebas sociológicas, en lugar de en un simple juicio moral. El problema con este tipo de razonamiento se evidencia en los defensores del matrimonio homosexual, quienes, en sus propios argumentos legales —como en el caso de la Proposición 8— sencillamente desestimaron cualquier argumento sociológico contrario a su objetivo legal como carente de fundamento científico.

Esto nos lleva a uno de los dilemas morales más preocupantes del pensamiento secular actual sobre el sexo y las relaciones. Para la mayoría de los hombres y mujeres de nuestra cultura, el único criterio moral para evaluar la moralidad de las relaciones sexuales es la cuestión del consentimiento. Desde una perspectiva cristiana, el mero consentimiento no es suficiente para establecer una moral sexual sana. Se puede apreciar un ejemplo gráfico de esta verdad en las recientes e irracionales conversaciones sobre la epidemia de violaciones y abusos sexuales en los campus universitarios estadounidenses. Es indudable que existe una epidemia muy real de violaciones y agresiones sexuales, principalmente contra mujeres jóvenes, en estos campus. Sin embargo, lo que los profetas de la nueva moralidad sexual no entienden es que el consentimiento no basta para proteger a las mujeres jóvenes una vez que se han eliminado todas las demás defensas morales. Los mecanismos legales utilizados en las discusiones sobre si se ha «otorgado» o no el consentimiento, que han llevado a los complicados códigos para el sexo que ahora se dan a los estudiantes en los campus promedio durante la orientación, evidencian la irracionalidad de esta forma de pensar. Como cristianos debemos preocuparnos por el problema muy real de la violencia y las agresiones sexuales. Debemos solidarizarnos con las víctimas de esos ataques y con la difícil situación de las personas sexualmente vulnerables en todas partes. Sin embargo, los cristianos también debemos reconocer que una sociedad decidida a hacer del consentimiento su única norma moral no será capaz de proteger a nadie a largo plazo.

Debemos reconocer además que, cuando las cuestiones de la poligamia y las relaciones sexuales implicadas en ella llegan a merecer nuestra atención cultural, ya hemos superado una importante barrera moral, y el final del matrimonio está a la vista de manera clara e innegable. Debemos tener en cuenta lo que algunos de los defensores del matrimonio homosexual han afirmado desde el principio: que la legalización del matrimonio entre personas del mismo sexo es un mecanismo para transformar la institución del matrimonio en su totalidad y para redefinir la familia.

Además, tenemos que considerar la disminución de la desaprobación social hacia la poligamia y las relaciones poliamorosas. La popularidad de la serie de HBO, *Big Love*, junto con los argumentos que ahora se formulan de forma habitual en los círculos académicos, revela una rápida caída del juicio moral contra la poligamia. Una vez más, el gran cambio en la mentalidad moderna hacia el individualismo autónomo y el expresivismo moral ha dejado a la mayor parte de nuestra sociedad sin argumentos objetivos frente a la poligamia, siempre y cuando todas las partes adultas consientan en entrar en esa relación. Además, el intento de documentar los daños sociales mediante el análisis sociológico se enfrenta a los mismos problemas que encuentran los defensores del matrimonio tradicional. Se afirma que estos estudios son representativos solo de las formas más débiles y extremas de tales relaciones, y no de las formas fuertes y consensuadas que ahora se presentan, de manera más bien atractiva, en los medios de comunicación y en la cultura de entretenimiento del país.

Por último, debemos señalar que algunos revisionistas morales piden abiertamente la aceptación y la celebración de la poligamia y las relaciones poliamorosas. En 2006, un destacado grupo de liberacionistas homosexuales se sumó a una declaración que insta a la sociedad estadounidense a «superar los estrechos confines de la política matrimonial tal como existe actualmente en Estados Unidos» y a dar reconocimiento legal y apoyo social a las parejas heterosexuales, a las parejas del mismo sexo y a las «familias con una relación de compromiso y afecto y que cuenten con más de una pareja conyugal».[6] Es decir, este grupo incluiría las relaciones polígamas o poliamorosas. Además, piden el mismo reconocimiento a las «parejas *queer* que decidieran crear y criar a un hijo junto con otra persona o pareja *queer*, en dos hogares», y a cualquier otro tipo de acomodo y permutación.[7]

Judith Stacey, profesora de Análisis social y cultural y de Sociología en la Universidad de Nueva York, también ha defendido las relaciones polígamas y poliamorosas. Sus palabras representan el lamentable estado del debate sobre el matrimonio en Estados Unidos. En su opinión, la misión de una sociedad democrática «es mejorar el menú de pociones de amor que se ofrecen y ponerlas a disposición de tantas mujeres y hombres como sea posible».[8] A eso nos enfrentamos en el momento actual: «un menú de pociones de amor». Cuesta imaginar palabras más desgarradoras que estas, palabras que apuntan al fin del matrimonio tradicional.

7

¿QUÉ DICE EN REALIDAD LA BIBLIA SOBRE EL SEXO?

Para los cristianos, la primera pregunta que hay que hacerse al enfrentarse a cualquier cuestión es: ¿qué dice la Biblia? La respuesta a esta pregunta es fundamental para la fe y la práctica cristianas. La autoridad final para nuestra forma de entender la realidad es la Biblia, que es nada menos que la mismísima Palabra de Dios. Nuestro conocimiento sobre cualquier cosa importante relacionada con cuestiones esenciales de la vida se basa en la realidad de que el Dios único, vivo y verdadero no es solo el Dios que existe, sino también el Dios que *habla*.

Como el teólogo evangélico Carl F. H. Henry explicó tan bien, Dios nos ama tanto que se despoja de su privacidad personal para que sus criaturas puedan conocerlo.[1] Por esta razón, los cristianos evangélicos acudimos a la Escritura por instinto. Si volvemos a la Reforma misma, vivimos según el principio de *Sola Scriptura*, afirmando que la Escritura y solo la Escritura es nuestra autoridad final. Y esto por una sencilla razón: creemos que, cuando la Escritura habla, Dios habla. Esto significa que obedecer las Escrituras es obedecer a Dios y desobedecer las Escrituras es desobedecer a Dios. Los evangélicos no podemos contemplar la Escritura como una mera transmisión de información. La Biblia nos llama a ser obedientes y a recibir con humildad lo que Dios nos ha revelado en su Palabra.

Una teología bíblica del sexo

Esta generación ha sido testigo de una renovación en la forma de entender la necesidad de interpretar las Escrituras conforme a su propia historia interna. Esto significa que no vemos la Biblia como una colección aislada de textos o como una mera biblioteca comunitaria para la iglesia, sino como un relato maestro que de principio a fin nos sitúa en una historia. Así, nos entendemos a nosotros mismos, los tiempos, el evangelio, la iglesia y las demandas de la fidelidad y la responsabilidad cristianas dentro del desarrollo de ese relato maestro; un relato que pasa de la creación a la caída, a la redención y a la nueva creación.

Ya que la Escritura debe ser interpretada de acuerdo con este relato maestro, cuando consideramos lo que la Biblia dice sobre el sexo, el género, el matrimonio y la familia, debemos comenzar nuestra indagación en el primer acto de la historia bíblica reconociendo que la doctrina de la creación proporciona varios principios teológicos esenciales para nuestra forma de entender el sexo y el género.

Creación, género y matrimonio

El primer principio teológico esencial es la soberanía de Dios sobre toda la creación. El Creador tiene el derecho absoluto y exclusivo de definir el propósito de lo que ha creado. Como nos dice Génesis 1, los seres humanos, y solo ellos, fueron creados a imagen de Dios. Además, tales seres humanos son identificados por género como hombres y mujeres. Juntos, al hombre y a la mujer se les dio la responsabilidad de ejercer dominio, multiplicarse y llenar la tierra. Se les dio esta responsabilidad como pareja: un marido y una esposa a quienes se les encargó explícitamente la procreación como parte de su mayordomía y ministerio.

Génesis 2 proporciona una visión aún más detallada de lo que significa para los seres humanos ser hechos a imagen de Dios como hombre y mujer. La Biblia indica que Adán no declaró su necesidad de una compañera; fue Dios quien declaró que no es bueno que el hombre esté solo (Gn 2.18). Inmediatamente después, Dios le reforzó este punto a Adán, en lo que debió de ser un método inolvidable: trayéndole todas las criaturas para que les pusiera nombre. Adán ejerció su misión de dominio nombrando a las otras criaturas, pero se dio cuenta de que le resultaban insuficientes. Como dice la Escritura: «No se halló para Adán ayuda idónea para él» (v. 20).

En ese momento, Dios hizo que cayera un sueño profundo sobre él y creó a la mujer a partir del mismo Adán (vv. 21–22), no del polvo de la tierra, ni de ninguna sustancia ajena o externa. Entonces Dios presentó a la mujer a Adán como ayuda complementaria (hebreo: *ezer*) idónea para él. Este, que acababa de ponerles nombre a los animales, llamó a la mujer «Eva», porque había sido sacada del hombre. «Esto es hueso de mis huesos y carne de mi carne», declaró Adán, entendiendo que Eva había sido creada para él y, por consiguiente, él había sido creado para ella (v. 23). Ella era su complemento y su compañera. Adán comprendió inmediatamente lo correcto y lo apropiado de la exclusividad de su mutua compañía.

Sin ninguna transición en el relato bíblico, se nos lleva a la institución del matrimonio y se nos dice que el modelo desde Adán y Eva en adelante será que el hombre dejará a su padre y a su madre y se *unirá* a su esposa (v. 24). Los dos se convirtieron entonces en una sola carne. La justicia del hombre y de la mujer y su unión en una relación conyugal les permitía estar desnudos en el jardín y no avergonzarse (v. 25). Fueron creados con la distinción de macho y hembra, y la gloria de Dios se manifestaba en la masculinidad del varón y en la feminidad de la mujer.

Además, se juntaron en la unión conyugal del matrimonio y recibieron el encargo divino de multiplicarse y llenar la tierra.

La Biblia no presenta el matrimonio como un «contrato», a lo que tantas sociedades occidentales de la era moderna lo han reducido. Más bien, la Escritura presenta el matrimonio como un pacto que refleja el propio amor del Dios del pacto en Jesucristo (Ef 5.22–33). La fidelidad de Dios al hacer y cumplir sus pactos se manifiesta en la fidelidad perenne del pacto de un hombre y una mujer que entran en la unión monógama y de por vida del matrimonio.

Así, en un principio, los seres humanos se definen como varón y hembra, no solo como géneros abstractos. Son individuos biológicamente sexuados creados para la gloria de Dios, el uno para el otro, y para una relación conyugal que tiene como fin la relación de una sola carne en el acto conyugal y el propósito de la procreación.

La sexualidad caída

Génesis 3 explica por qué hay fractura en el orden creado. El tercer capítulo de la Biblia explica por qué la experiencia humana universal se ve afectada por el pecado, la muerte y la desobediencia en lugar de por la salud y la prosperidad. Además, la caída nos ayuda a entender por qué todas las dimensiones del orden creado dan testimonio de los efectos del pecado humano y del juicio de Dios sobre ese pecado. En el huerto, la unión de una sola carne entre el hombre y la mujer se presentaba sin mancha alguna de pecado ni vergüenza potencial, sin la más mínima insinuación de depravación o corrupción. En todo caso, el matrimonio adquiere más importancia, no menos, después de la caída. Tal como lo expresa el lenguaje tradicional cristiano del *Libro de oración común* para las ceremonias nupciales, uno de los propósitos del matrimonio es servir como un «remedio para el pecado». Después de la caída, el matrimonio y la familia debidamente constituidos se convierten no solo en un testimonio de la bondad de Dios, sino también en una poderosa defensa contra los efectos del pecado en el mundo.

Avanzando en ella, la narración bíblica es muy franca con respecto a la fractura de la humanidad. La Biblia es muy directa en su descripción del pecado sexual, desde el adulterio hasta el incesto, pasando por el bestialismo y los comportamientos homosexuales. La franqueza de la Biblia en estos asuntos es un magnífico regalo para nosotros. A lo largo de las Escrituras, entendemos que el pecado afecta a toda relación humana, incluso a nuestras relaciones más íntimas: el matrimonio y la familia. Este cuadro de nuestra depravación nos revela nuestra mayor necesidad: la necesidad de redención.

La sexualidad redimida

Como también lo revela la Escritura, Dios infunde una conciencia de su ley moral en cada uno de los portadores de su imagen, de tal manera que, por la gracia común, todas las civilizaciones descubren, en mayor o menor medida, la necesidad del matrimonio y del respeto por la familia. En este punto, los cristianos evangélicos debemos recordar que nuestro respeto por el matrimonio y la familia no debe engañarnos para pensar que podemos ser redimidos por medio de la fidelidad conyugal o la seguridad familiar. Las alegrías del matrimonio y de la familia, aun en su punto álgido, no pueden salvarnos de nuestros pecados ni protegernos del juicio venidero. Por eso es de vital importancia el tercer acto del metarrelato bíblico. La doctrina de la redención nos recuerda que todo ser humano —sea heterosexual u homosexual— es un pecador necesitado de la redención que solo puede llegar por medio de Cristo.

La redención que Cristo provee también nos recuerda que, aunque el matrimonio y la familia son esenciales para la sociedad y la prosperidad humanas, los creyentes están llamados a una lealtad aún mayor. La iglesia es la familia de la fe que se presenta como la esposa de Cristo y a

Cristo como su esposo. Este bello cuadro demuestra la importancia del matrimonio. Como el Nuevo Testamento deja muy claro, las enseñanzas morales de la ley del Antiguo Testamento sobre el género, el sexo y el matrimonio continúan bajo el nuevo pacto.

Ahora que vivimos bajo la ley de Cristo, los cristianos estamos llamados a una fidelidad aún más profunda. Tal como Jesús enseñó en el Sermón del Monte, ya no es suficiente que evitemos cometer adulterio; también debemos abstenernos de la lujuria. Mientras que la ley del Antiguo Testamento ponía el foco sobre todo en la obediencia externa, la ley del Nuevo Testamento demanda la obediencia del corazón. Las Escrituras revelan que los creyentes redimidos del Señor Jesucristo no pueden obedecer a Cristo por sus propios medios. Por medio de Cristo, se nos promete la presencia y el poder del Espíritu Santo en nuestras vidas, el poder moldeador de las Sagradas Escrituras, y la comunión de los creyentes que viven juntos en fidelidad disciplinada al Señor Jesucristo, participando de los medios de la gracia para que juntos podamos ser hallados fieles.

Así, a partir de la realidad de una redención ya alcanzada, los cristianos estamos llamados explícitamente a vivir lo que significa ser hombre y mujer y a llevar una vida de santidad y rectitud. Se debe honrar el matrimonio, que es normativo para la mayoría de los creyentes. Los que no están casados, como lo dejó claro el apóstol Pablo, tienen el don de celibato y pueden servir a la iglesia de una manera aún más amplia por medio de la obediencia a Cristo, sin los impedimentos de las obligaciones matrimoniales y familiares (1 Co 7).

En espera de la gloria: la sexualidad y los cielos nuevos y la nueva tierra

Al mismo tiempo, debemos estar muy agradecidos porque no se nos deja como a desechos sin remedio, sino que también estamos esperando algo. Nuestros pecados son perdonados y ahora esperamos los cielos nuevos y la nueva tierra. Según la Biblia, esta consumación de la historia es nada menos que la cena de las bodas del Cordero. En los cielos nuevos y la nueva tierra, bajo el señorío de Jesucristo, todas las cosas son hechas rectas. Los que ahora están en Cristo entonces estarán con él. En ese día, se secará todo ojo lloroso y se enjugará toda lágrima.

Aunque seguirá habiendo género en la nueva creación y en nuestros cuerpos glorificados, no habrá actividad sexual. El sexo no se anula en la resurrección, sino que más bien llega a su cumplimiento. Por fin llegará la cena escatológica de las bodas del Cordero, hacia la que apuntan el matrimonio y la sexualidad. Ya no habrá necesidad de llenar la tierra con portadores de su imagen como en Génesis 1. En vez de eso, la tierra se llenará con el conocimiento de la gloria de Dios como las aguas cubren el mar.

Armando el rompecabezas: enfrentarse a la revolución sexual con una teología bíblica del cuerpo

En tiempos muy recientes, los evangélicos hemos visto la necesidad de desarrollar una teología evangélica del cuerpo.[2] Dadas las confusiones de nuestros días, debemos recordar que Dios tiene un propósito soberano para crearnos como criaturas encarnadas, criaturas que son masculinas y femeninas. Además, debemos tomar en cuenta que Dios nos ha dado una estructura corporal particular para el hombre y para la mujer. Una teología evangélica del cuerpo cuestionará necesariamente uno de los supuestos fundamentales de la era secular: que nuestra existencia como hombre o mujer no es más que un accidente biológico provocado por un proceso aleatorio de la evolución naturalista. La mente secular moderna da por sentado que nuestro género depende en última instancia de nosotros y que, como los nuevos teóricos sexuales vienen argumentando desde hace décadas, el género y la biología no están necesariamente vinculados. De hecho, la premisa moderna es que el género no es más que un concepto construido socialmente que discrimina y oprime en lugar de liberar.

La cosmovisión cristiana se opone frontalmente a esa suposición. Las Escrituras definen con claridad a los seres humanos como hombres y mujeres, no por accidente, sino por propósito divino. Además, este propósito, junto con todos los demás aspectos de la creación de Dios, es declarado por el Creador como «bueno». Esto significa que el desarrollo y la felicidad de los seres humanos tendrán lugar solo cuando la bondad de la creación de Dios sea honrada como Dios la ha querido. Tener una teología evangélica del cuerpo significa que debemos afirmar la idoneidad de que el varón sea varón y la mujer sea mujer. La fractura del mundo explica por qué los pecadores a menudo niegan las distinciones entre varón y mujer o las exageran más allá de lo que las Escrituras revelan.

Los ideólogos de la revolución sexual tienen algo de razón cuando sostienen que gran parte de lo que nuestra sociedad celebra como masculino o femenino es producto de una construcción social. De hecho, como cristianos tenemos que recordar que la Escritura debe dar forma y corregir nuestras nociones de masculino y femenino. Pero la Escritura refuta claramente cualquier teoría que defienda el género como una construcción social o que los seres humanos son libres de definirse a sí mismos de una manera diferente a como Dios los definió en la creación. Esto significa que una teología evangélica del cuerpo comienza con la comprensión normativa de que todo ser humano nace biológicamente como hombre o como mujer. Esa asignación biológica del sexo no es un accidente naturalista, sino una señal del propósito de Dios para que ese ser humano individual muestre su gloria y procure desarrollarse y obedecer a ese propósito creativo.

Como la Escritura también deja claro, la identidad del ser humano como varón o mujer apunta hacia el matrimonio en tanto que contexto en el cual el hombre y la mujer, hechos el uno para el otro, deben unirse en una unión que es santa, justa y absolutamente necesaria para el desarrollo del ser humano. Las enseñanzas bíblicas sobre la sexualidad y el matrimonio muestran que Dios nos hizo como seres sexuales y nos dio sentimientos, pasiones e impulsos sexuales para que estos se canalizaran en el deseo del matrimonio y en las satisfacciones de la fidelidad marital.

El sexo, el género, el matrimonio y la familia se juntan en los primeros capítulos de la Escritura para dejar claro que todos los aspectos de nuestra vida sexual deben someterse al propósito de Dios en la creación y ser canalizados en el campo exclusivo de la conducta sexual humana —el matrimonio— definido clara y exclusivamente como la unión monógama de por vida entre un hombre y una mujer.

La realidad del pecado humano explica por qué tantos de estos asuntos son confusos y por qué cabe esperar confusión en este mundo. Los efectos del pecado también explican por qué hay quienes están hondamente preocupados por algo tan fundamental como su género. Un mundo roto también explica por qué un porcentaje ínfimo de seres humanos nacen intersexuales, es decir, sin un sexo biológico claro.[3] La fractura del mundo también explica por qué los pecadores han construido ideologías, teorías y sistemas de pensamiento para justificar su pecado. Esto es exactamente lo que Pablo denunció en Romanos 1 cuando describió la supresión de la verdad con injusticia y el canje de la verdad de Dios por una mentira.

Al leer las palabras de Pablo en Romanos 1, debemos reconocer que el apóstol Pablo estaba acusando a toda la humanidad. Esto significa que *todos nosotros*, abandonados a nuestra suerte, reprimimos la verdad con injusticia y justificamos nuestro pecado creando nuestras propias racionalizaciones. Somos rescatados de ese proceso de autoengaño fatal solo por la revelación de Dios en la Sagrada Escritura y por la victoria de Cristo en su cruz y resurrección. Es de suma importancia que los cristianos afirmemos que no somos más inteligentes ni más justos moralmente que los que nos rodean. Somos, sin embargo, los beneficiarios de la gracia y la misericordia de Dios porque hemos llegado a conocer la salvación por medio de Cristo, y la guía en la vida fiel gracias al don de la Sagrada Escritura.

Los cristianos guiados por las Escrituras reconocemos las controversias y confusiones actuales sobre el sexo, el matrimonio y otros asuntos de importancia como parte de lo que significa vivir en un mundo caído. Esto también revela por qué la iglesia, en su testimonio característico, debe honrar los buenos dones que Dios nos da, tal como nos enseña la Biblia, a fin de lograr dos grandes propósitos. El primero de estos propósitos es obedecer a Dios y encontrar la verdadera felicidad y el verdadero desarrollo humano al obedecer. El segundo propósito es que vivamos esa obediencia ante un mundo que nos observa, para que otros puedan ver la gloria de Dios en la fidelidad del cristiano en el matrimonio y en todas las demás dimensiones de la vida, a fin de que otros que necesitan a Cristo puedan hallarlo.

La fidelidad del cristiano en el matrimonio y la defensa fiel del matrimonio y del género es un acto de testimonio cristiano; de hecho, es uno de los actos más audaces de testimonio cristiano en esta era secular. El último capítulo de las Escrituras nos recuerda que lucharemos contra la fractura humana y los efectos del pecado del hombre hasta que Jesús venga. Hasta entonces, seremos hallados limpios y en espera, deseosos de la redención de nuestros cuerpos y de la plenitud del reino del Señor Jesucristo.

La interpretación cristiana del metarrelato de la Biblia y de la teología bíblica del cuerpo, el sexo y el matrimonio es fundamental para abordar las cuestiones que ahora nos imponen los revisionistas teológicos que exigen que reconsideremos —o rechacemos— la clara condena de la homosexualidad en la Escritura. Ahora, y solo ahora, somos capaces de abordar esas preguntas específicas y de hacerlo en el contexto de una teología verdaderamente bíblica.

La tergiversación de la verdad: la homosexualidad y los teólogos revisionistas

A medida que la legitimación de la homosexualidad gana peso en la opinión pública, algunas iglesias y confesiones cristianas se han unido al movimiento —incluso se han convertido en defensoras de la homosexualidad— mientras que otras se niegan rotundamente a transigir. En el punto medio, por ahora, hay iglesias y denominaciones que no pueden o no quieren expresar una clara convicción sobre la homosexualidad. Los temas de la ordenación y matrimonio de homosexuales son objeto de debate frecuente en las asambleas de varias denominaciones, y en muchas congregaciones.

El desafío que la iglesia creyente afronta ahora se reduce a lo siguiente: ¿tenemos un mensaje diferenciado en medio de esta confusión moral?

Debemos responder que sí. La iglesia cristiana debe tener un mensaje distintivo para hablar sobre la homosexualidad porque así lo exige la fidelidad a la Sagrada Escritura.

La aserción de la autoridad bíblica es crucial para la consideración de este asunto o de cualquier otro por parte de la iglesia. La Biblia es la Palabra de Dios en forma escrita, inerrante e infalible, inspirada por el Espíritu Santo «para enseñar, para redargüir, para corregir, para instruir en justicia» (2 Ti 3.16). Este es el punto de inflexión crítico: las iglesias que rechazan la autoridad de las Escrituras acabarán sucumbiendo a la presión cultural y adaptarán su forma de entender la homosexualidad al espíritu de la época. Las iglesias que declaran, confiesan y reconocen la plena autoridad de la Biblia no tienen otra opción en este asunto: debemos proclamar una palabra de verdad y compasión. Y esa verdad compasiva es esta: los actos homosexuales están expresa e incondicionalmente prohibidos por Dios a través de su Palabra, y tales actos son una abominación al Señor según sus propias palabras.

Como se ha demostrado en todo este libro, el impulso para normalizar la homosexualidad está motivado por una ideología totalmente comprometida con la causa de convertir la homosexualidad en una forma legitimada y reconocida de actividad sexual. Todo obstáculo que se interponga en el avance hacia este objetivo debe ser eliminado. La Palabra de Dios se erige como el obstáculo más poderoso para ese plan.

No debería sorprendernos que los defensores del programa homosexual hayan entrado en el mundo de la erudición bíblica. Los eruditos bíblicos son de por sí un grupo heterogéneo. Algunos defienden la autoridad de la Escritura, mientras que otros se empeñan en deconstruirla. Los frentes de batalla en este tema se hacen visibles al instante. Muchos de los que niegan la veracidad, inspiración y autoridad de la Biblia argumentan que esta avala la homosexualidad, o al menos argumentan que los pasajes bíblicos que prohíben los actos homosexuales son confusos, están mal interpretados o son irrelevantes.

Para ello se necesitan acrobacias de interpretación bíblica dignas del más ágil contorsionista circense. Hace varias décadas, el difunto J. Gresham Machen comentó: «La Biblia, con un completo abandono de todo método científico histórico y de todo sentido común, parece decir exactamente lo contrario de lo que quiere decir; ningún gnóstico, ningún monje medieval, con su sentido cuatripartito de las Escrituras, ha producido nunca una interpretación bíblica tan absurda como las que se pueden escuchar cada domingo en los púlpitos de Nueva York».[4] Machen se refería al uso y aplicación erróneos de la Escritura que él veía como la señal de que en el seno de la iglesia se había imbuido un espíritu pagano. Un absurdo aún mayor que el que Machen observó se ha hecho evidente entre los que están decididos a interpretar que la Biblia avala la homosexualidad.

El cristianismo bíblico es el último muro de resistencia contra el programa homosexual. En el fondo, esa resistencia se reduce a la

Biblia misma. Quienes trabajan sin descanso por la normalización de la homosexualidad saben que hay que neutralizar la oposición clara e inequívoca de la Biblia a todas las formas de comportamiento homosexual si quieren tener un éxito total. Sus esfuerzos en este sentido merecen nuestra máxima atención.

Los revisionistas teológicos han empleado varias estrategias interpretativas en su esfuerzo por superar el claro testimonio de la Biblia sobre la pecaminosidad de las conductas homosexuales. Algunos teólogos revisionistas rechazan categóricamente la autoridad bíblica. Consideremos, por ejemplo, los comentarios de Dan O. Via en *Homosexuality and the Bible: Two Views* (La homosexualidad y la Biblia: dos puntos de vista). Via, en oposición a los argumentos de Robert Gagnon, quien defiende la concepción tradicional de la homosexualidad en ese mismo libro, declaró: «La acumulación [de Gagnon] de textos bíblicos que condenan la práctica homosexual es irrelevante para mi argumento, ya que coincido en que las Escrituras no aprueban de manera explícita las relaciones homosexuales. Sin embargo, sostengo que se puede anular la prohibición absoluta independientemente de cuántas veces se declare, porque hay buenas razones para anularla».[5]

Del mismo modo, con una franqueza asombrosa, William M. Kent, miembro del comité designado por los metodistas unidos para estudiar la homosexualidad, declaró: «Los textos bíblicos del Antiguo y el Nuevo Testamento que condenan la práctica homosexual no están inspirados ni por Dios ni por ningún otro valor cristiano perenne. Considerada a la luz de los mejores conocimientos bíblicos, teológicos, científicos y sociales, la condena bíblica de las prácticas homosexuales se entiende mejor como una representación de los prejuicios culturales ligados a un tiempo y lugar».[6]

Este es el enfoque más honesto que se puede encontrar entre los revisionistas. Los que apoyan este planteamiento no niegan que la

Biblia prohíbe expresamente las prácticas homosexuales; admiten que la Biblia lo hace precisamente así. Su respuesta es sencilla: hay que dejar de lado la Biblia a la luz del conocimiento moderno.

En resumen, ahí es donde está realmente el argumento. No es una discusión sobre lo que dice el texto bíblico, sino sobre su autoridad y sobre el modo adecuado de obedecerlo. Los evangélicos debemos reconocer de inmediato que la premisa de obedecer la Escritura pasando por alto su claro significado no solo es sospechosa, sino también falaz. Esta es la distinción crítica entre lo que se puede llamar una hermenéutica del recelo y una hermenéutica de la sumisión y la obediencia. La hermenéutica del recelo, arraigada en la Ilustración y en el escepticismo moderno, se acerca a la Biblia con la premisa de que debe ser interpretada a la luz de las necesidades del presente, lo que significa que puede significar algo hoy que no significaba en el pasado. Una hermenéutica de la sumisión, por otro lado, considera la Biblia como la Palabra escrita de Dios y procura comprender la Escritura para obedecerla con fidelidad. Una hermenéutica de la sumisión impide al lector el uso de un mecanismo interpretativo que le permita escapar de la «trampa» del texto, que es justo lo que los eruditos bíblicos revisionistas y sus discípulos intentan hacer.

Otro planteamiento adoptado por los revisionistas consiste en sugerir que los autores humanos de la Escritura estaban limitados por la inmadurez científica de su época. Un ejemplo de este tipo de revisionismo teológico se encuentra en el libro de Matthew Vines *God and the Gay Christian* (Dios y el cristiano gay).[7] Uno de los principales argumentos de Vines es que la Biblia no incluye una categoría de orientación sexual. Por lo tanto, cuando la Biblia condena los actos entre personas del mismo sexo, en realidad está condenando el «exceso sexual», la jerarquía, la opresión o el abuso, y no la posibilidad de uniones permanentes, monógamas, entre personas del mismo sexo.

De hecho, a lo largo de su libro, Vines vuelve a considerar la orientación sexual como tema clave. «La Biblia no aborda directamente el tema de la *orientación* homosexual», insiste.[8] El concepto de orientación sexual «no existía en el mundo antiguo».[9] Sorprendentemente, admite que las «seis referencias de la Biblia al comportamiento homosexual son negativas», pero insiste una vez más en que «el concepto de comportamiento homosexual en la Biblia es el de exceso sexual, y no el de orientación sexual».[10]

Pero, si se toma el concepto moderno de la orientación sexual como un hecho aceptado sin necesidad de explicaciones, entonces, sencillamente no puede confiarse en la Biblia para que entienda qué significa ser humano, revele qué es lo que Dios quiere para nosotros en el plano sexual o defina el pecado de una manera coherente. El concepto moderno de orientación sexual es en realidad muy moderno. Es también un concepto sin un significado definido. De hecho, ahora se utiliza tanto cultural como moralmente para discutir sobre la atracción y el deseo sexual. En realidad, la atracción y el deseo son los únicos indicadores sobre los que se basan las nociones modernas de orientación sexual.

Al principio de su libro, Vines argumenta que la experiencia no debe guiar nuestra interpretación de la Biblia. Pero es su experiencia de lo que él llama una orientación sexual gay lo que impulsa cada palabra de su argumentación. Es este asunto de la experiencia lo que lo lleva a relativizar un texto tras otro y a argumentar que la Biblia en absoluto habla directamente de su identidad sexual, ya que los autores humanos inspirados de la Escritura ignoraban la experiencia moderna de los homosexuales.

Vines afirma que tiene una «alta consideración» de la Biblia y que cree que «toda la Escritura está inspirada por Dios y es autoritativa para mi vida»,[11] pero el concepto moderno de orientación sexual ejerce una autoridad mucho más elevada en su forma de pensar y en su argumentación.

Esto nos lleva a una pregunta inquietante ¿qué otras cosas desconoce la Biblia acerca del ser humano? Si no se puede confiar en que la Biblia revele la verdad sobre nosotros en todos los aspectos, ¿cómo podemos confiar en que nos revele nuestra salvación?

Esto apunta a la cuestión más importante en juego: el evangelio. Los argumentos revisionistas que se centran en las «limitaciones» de la Escritura no solo relativizan la autoridad de la Biblia, sino que nos dejan sin ninguna revelación autorizada de lo que es el pecado. Y, sin una revelación autorizada (y claramente comprensible) del pecado humano, no podemos saber por qué necesitamos un Salvador o por qué murió Cristo. ¿Acaso puede haber algo más importante en juego? Esta controversia no tiene que ver solo con el sexo. Tiene que ver con nuestra salvación.

Confiar en la verdad: la senda del verdadero discipulado

Con el avance hacia el matrimonio entre personas del mismo sexo y con la normalización de la homosexualidad ganando impulso, algunas iglesias corren para ponerse a cubierto. Sin embargo, nuestra responsabilidad cristiana es clara: debemos decir la verdad acerca de lo que Dios ha revelado con respecto a la sexualidad humana, el género y el matrimonio. Nadie dijo que iba a ser fácil.

La iglesia confesante y creyente va en todo momento en contra de la corriente cultural imperante. El mero hecho de plantear la cuestión del género es una ofensa para aquellos que desean erradicar las distinciones del mismo, argumentando que no son más que «realidades construidas socialmente» y vestigios de un pasado remoto.

Las Escrituras prohíben este intento de quitar la infraestructura de la creación. Debemos leer Romanos 1 a la luz de Génesis 1–2. Tal como Génesis 1.27 deja claro, Dios tuvo desde el principio la intención de crear a los seres humanos como dos géneros o sexos: «varón y hembra los creó». El hombre y la mujer han sido creados a imagen de Dios. Son distintos, pero están inseparablemente unidos por el designio de Dios. Los géneros son diferentes. Sus distinciones van mucho más allá de las meras diferencias físicas, pero el hombre reconoció a la mujer como «hueso de mis huesos y carne de mi carne» (Gn 2.23).

El vínculo entre el hombre y la mujer es el matrimonio, que no es un accidente histórico ni el resultado de una socialización gradual. Por el contrario, el matrimonio y el establecimiento de la unión de alianza heterosexual es clave en la intención de Dios, antes y después de la caída. Inmediatamente después de la creación del hombre y de la mujer viene la instrucción: «Por tanto, dejará el hombre a su padre y a su madre, y se unirá a su mujer, y serán una sola carne. Y el varón y la mujer estaban desnudos y no se avergonzaban» (vv. 24–25).

Con frecuencia, los evangélicos no hemos presentado esta verdad bíblica con total claridad. Como resultado, muchas de nuestras iglesias no están preparadas para los conflictos ideológicos, políticos y culturales que caracterizan el escenario de la sociedad moderna. El axioma fundamental sobre el que los cristianos evangélicos deben basar toda respuesta a la homosexualidad es el siguiente: solo Dios es soberano, y solo él creó el universo y todo lo que hay en él por designio propio y por su beneplácito. Además, nos mostró su intención creadora en la Sagrada Escritura, y esa intención es claramente la de crear y establecer dos géneros o sexos distintos pero complementarios. El relato de Génesis pone de manifiesto que esta distinción de géneros no es ni accidental ni intrascendente para el designio divino.

La intención creadora de Dios se revela aún más en la unión del hombre con la mujer («su esposa») y en su nueva identidad como «una sola carne» (Gn 2:24). Esta afirmación bíblica, que ninguna interpretación retorcida puede eludir, coloca claramente el matrimonio y las relaciones sexuales dentro del acto creador y del diseño de Dios.

La unión sexual de un hombre y una mujer en un matrimonio de pacto no solo se permite, sino que se ordena como intención y decreto de Dios. La expresión sexual se limita a esta alianza heterosexual, que en su expresión bíblica más clara consiste en un hombre y una mujer unidos para siempre.

Por lo tanto, cualquier expresión sexual fuera de esa relación de matrimonio heterosexual está prohibida por mandamiento divino. Esta verdad fundamental va en contra no solo del programa homosexual, sino también de la inmoralidad sexual de la época. De hecho, la Biblia habla mucho más de la actividad heterosexual ilícita que de los actos homosexuales.

Como E. Michael Jones argumentó, la mayoría de las ideologías modernas son básicamente esfuerzos para racionalizar el comportamiento sexual. De hecho, identifica la modernidad misma como «lujuria racionalizada».[12] Debemos esperar que el mundo secular, que está en guerra con la verdad de Dios, se empeñe en sus esfuerzos por racionalizar la lujuria, y en buscar legitimidad y aprobación social para sus pecados sexuales. Por otro lado, nos debería estremecer ver que haya tantos dentro de la iglesia persiguiendo el mismo propósito y aliándose con quienes están abiertamente en guerra contra la verdad de Dios.

La declaración clásica de Pablo en Romanos 1 expone con claridad la cuestión que tenemos delante. La homosexualidad está directamente ligada a la idolatría, porque es por su idolatría por lo que Dios los entregó a sus propias concupiscencias. Sus corazones estaban entregados a la impureza, y estaban degradando sus propios cuerpos por sus pasiones ilícitas.

Su idolatría —cambiar la verdad de Dios por una mentira, y adorar a la criatura en lugar de al Creador— hizo que Dios los entregara a sus pasiones degradantes. A partir de aquí, los que se entregaron a sus pasiones degradantes cambiaron el uso natural de las relaciones sexuales por lo que Dios declaraba antinatural. En ese momento, Pablo estaba tratando explícitamente el tema de la homosexualidad femenina. Esta es una de las pocas referencias a la homosexualidad femenina en toda la literatura antigua, pero el mensaje de Pablo es claro.

Las mujeres que practicaban el lesbianismo no estaban ni están solas. Los hombres también habían abandonado las relaciones sexuales naturales con mujeres y se habían entregado con pasión a otros hombres. No se sienten avergonzados por los actos que cometen. Como resultado, recibieron en sus propios cuerpos el castigo por su idolatría.

El testimonio bíblico es claro. La homosexualidad es un pecado contra Dios y un rechazo directo de la intención y el mandato de Dios en la creación. Todo pecado tiene consecuencias eternas. La redención efectuada por Jesucristo es la única esperanza para los pecadores. En la cruz, Jesús pagó el precio por nuestros pecados y actuó como sustituto de los redimidos.

Nuestra respuesta a las personas involucradas en la homosexualidad debe caracterizarse por una compasión genuina. Pero una tarea central de la compasión genuina es decir la verdad, y la Biblia revela un verdadero mensaje que debemos transmitir. Los que distorsionan y subvierten el mensaje de la Biblia no están respondiendo a los homosexuales con compasión. La mentira nunca es compasiva y, en última instancia, conduce a la muerte.

Al final, la iglesia o bien declara la verdad de la Palabra de Dios o bien busca una manera de huir de ella. En última instancia, todo se reduce a la confianza. ¿Confiamos en que la Biblia nos dice con veracidad lo que Dios desea y manda sobre nuestra sexualidad? Si es así, sabemos cuál es nuestra posición y sabemos qué decir. Si no, es hora de que reconozcamos ante el mundo que no tenemos ni idea.

8

LA LIBERTAD RELIGIOSA
Y EL DERECHO A SER CRISTIANO

Las revoluciones morales requieren revoluciones legales. Así sucede ciertamente con la revolución sexual y sus diversas causas por la liberación sexual. Una revolución solo está completa cuando la estructura legal se alinea con una nueva concepción moral. Este alineamiento es justo lo que está ocurriendo en la vida pública estadounidense con el tema de la liberación homosexual.

Toda sociedad tiene una estructura de sistemas que influyen o coaccionan el comportamiento. Con el tiempo, las sociedades pasan a legislar y regular el comportamiento para alinearse con lo que casi todos, o al menos una gran mayoría, consideran moralmente correcto e incorrecto. La civilización no podría sobrevivir sin un sistema de controles e influencias morales.

En su mayor parte, a lo largo de casi toda la historia occidental, este proceso se ha desarrollado de una manera no amenazadora para la iglesia cristiana y para los cristianos en la sociedad. Mientras el juicio moral de la cultura coincidiera con las convicciones y enseñanzas de la iglesia, esta y la cultura no entrarían en conflicto en los tribunales. Además, bajo estas circunstancias, para los cristianos era poco probable ser hallados en el lado equivocado de una evaluación moral.

Todo eso comenzó a cambiar en la era moderna a medida que la cultura se secularizaba y las sociedades occidentales se alejaban cada vez más de la moral cristiana que abrazaron en el pasado. Los cristianos de esta generación reconocemos que no constituimos el mismo marco moral que ahora se presenta de manera omnipresente en el entorno académico moderno, en el contexto de la cultura creativa y en el ámbito del derecho. La secularización de la vida pública y el alejamiento de la sociedad de sus raíces cristianas han dejado a muchos estadounidenses como si no supieran que las mismas creencias y enseñanzas por las que se critica a los cristianos hoy en día se consideraban no solo las creencias de la corriente dominante, sino también las esenciales para el proyecto de la sociedad. A medida que la revolución sexual penetra toda la sociedad, y a medida que las cuestiones planteadas por los esfuerzos de la liberación gay y la legalización del matrimonio homosexual pasan a primer plano, los cristianos se enfrentan a una serie de desafíos en materia de libertad religiosa inconcebibles en generaciones anteriores.

Antes de pasar a las cuestiones específicas planteadas por la revolución sexual y el matrimonio entre personas del mismo sexo, debemos pensar en la controversia que surgió en Estados Unidos sobre el mandato de la contracepción en la Affordable Care Act (Ley de Cuidados Asequibles), que condujo a la sentencia del Tribunal Supremo sobre Hobby Lobby en el verano de 2014. En esa decisión tomada por cinco votos a cuatro, el Tribunal dictaminó que Hobby Lobby y Conestoga Wood Specialties, compañías privadas fundadas y administradas por familias cristianas, tenían el derecho a la libertad religiosa de negarse a incluir cobertura para medicamentos que pudieran ser abortivos en sus planes de atención médica para empleados. Más que el caso en sí, la reacción a la decisión de la corte es esclarecedora y muy preocupante. La cultura secular ha respondido con abierta alarma e indignación ante el hecho de que el tribunal dictamine que estas dos compañías tienen derecho a desafiar la sabiduría prevaleciente en el movimiento por la contracepción y los esfuerzos del gobierno por coaccionar su participación. Además, la decisión de la corte fue por cinco votos contra cuatro entre los nueve jueces, lo que indica que el cambio de un solo juez habría llevado a la conclusión opuesta: que este hecho debería centrar nuestra preocupación.

El caso Hobby Lobby no surgió de la nada, y la causa de la controversia no estaba directamente relacionada con la homosexualidad o el matrimonio entre personas del mismo sexo. Sin embargo, el perfil de la argumentación de ambas partes en este caso y la respuesta de las élites seculares a la decisión del tribunal revelan que los cristianos ya tienen delante los desafíos que plantean la normalización de la homosexualidad y la legalización del matrimonio homosexual.

Basta con considerar las siguientes controversias que han estallado recientemente en las noticias. Las autoridades gubernamentales han declarado a floristas, fotógrafos de bodas y pasteleros culpables de violar las leyes de no discriminación. En algunos de estos casos, los tribunales o los organismos administrativos han ratificado esa acusación. Su delito consiste en ejercer y proteger su conciencia cristiana al negarse a participar en la celebración de algo que consideran pecado: una boda gay. En casi todos estos casos, los tribunales han encontrado que la libertad religiosa del individuo debe ceder ante el propósito social general de reforzar la nueva moralidad.[1]

En uno de los más importantes de estos últimos casos, un juez falló que un fotógrafo de bodas violó la ley al negarse a servir como fotógrafo para una boda homosexual. En una decisión increíblemente reveladora, el tribunal declaró, con toda franqueza, que las libertades religiosas del fotógrafo se verían de hecho violadas por la participación forzada en una boda entre personas del mismo sexo. Sin embargo, la corte consideró que la nueva moralidad primaba sobre la preocupación por la libertad religiosa.[2]

Del mismo modo, hemos visto instituciones religiosas, sobre todo universidades y escuelas, que se enfrentan a demandas que equivalen a rendirse a la revolución sexual en lo que respecta a la no discriminación por motivos de sexo, comportamiento sexual y orientación sexual a la hora de regular sus admisiones, la contratación de profesores y el alojamiento de los estudiantes. En algunas jurisdicciones, los legisladores están considerando la promulgación de leyes sobre delitos de odio que marginen y tipifiquen como delito las expresiones que estén en conflicto con el nuevo consenso moral.

En otros casos, las parejas cristianas se encuentran con que la adopción y el acogimiento son cada vez más difíciles porque las nuevas autoridades morales exigen «no juzgar» la orientación sexual y la identidad de género. Las iglesias y las organizaciones cristianas se ven cada vez más empujadas a los márgenes de la vida social estadounidense y discriminadas en su influencia pública y su participación en actividades públicas. El Gordon College, un *college* cristiano evangélico de Massachusetts, que alquilaba un espacio al gobierno de la ciudad, fue informado de que se pondría fin al privilegio, simplemente porque el presidente de la universidad firmó una carta privada en la que le pedía al presidente Obama que reconociera los derechos de las instituciones religiosas en los reglamentos en contra de la discriminación.

En relación con esa controversia, la administración Obama dictó normas que exigen que todas las entidades que contraten con el gobierno federal se adhieran, sin excepción, a la no discriminación por motivos de orientación sexual e identidad de género. Numerosos gobiernos estatales y locales están actuando de manera similar. Prohíben la participación de cualquier organización que se niegue a comprometerse públicamente con la total no discriminación en materia de orientación sexual, género e identidad de género.

La llegada del matrimonio homosexual como una realidad legal presenta desafíos inmediatos a la libertad religiosa. En el estado de Massachusetts, una venerable y respetada organización caritativa se vio obligada a dejar de trabajar en la colocación de niños y bebés en adopción porque se negó a violar las enseñanzas de la iglesia y aceptar una política de absoluta no discriminación en materia de orientación sexual. Estos casos son solo la punta de lanza de una reorientación masiva de la vida pública y el derecho estadounidenses.

Asimismo, debemos reconocer que la ley no es el único instrumento de coerción jurídica. La coerción puede estar en los reglamentos de las asociaciones de voluntariado. Es probable que las facultades y universidades religiosas que participan en el deporte interuniversitario descubran pronto que grupos como la NCAA sufrirán presiones para excluir a una institución que discrimina la orientación sexual en la participación. Las agencias de acreditación, algunas de las cuales llevan mucho tiempo librando una lucha interna para acomodar a las instituciones cristianas dentro de sus actuales políticas de no discriminación, se verán sometidas a una presión cada vez mayor para eliminar de su membresía a cualquier escuela que discrimine de alguna manera por motivos de orientación sexual o de identidad de género en el proceso de admisión, disciplina o alojamiento de estudiantes, o en la contratación del personal docente.

La libertad religiosa y el desafío del matrimonio entre personas del mismo sexo

Esta revolución en la ley no es ninguna sorpresa. Aunque el matrimonio entre personas del mismo sexo es reciente en la escena estadounidense, los desafíos de la libertad religiosa ya eran evidentes antes de que se hiciera realidad. Poco después de la legalización del matrimonio homosexual en el estado de Massachusetts, se celebraron varios seminarios y simposios para considerar el impacto de esta revolución legal en la libertad religiosa. En 2005, el Becket Fund for Religious Liberty patrocinó uno de los más importantes de estos eventos, y el consenso de todos los participantes fue que la normalización de la homosexualidad y la legalización del matrimonio entre personas del mismo sexo produciría un choque frontal en los tribunales. Como dijo Marc D. Stern, del American Jewish Congress: «El matrimonio entre personas del mismo sexo supondría un cambio radical en la legislación estadounidense. Ese cambio repercutirá en el panorama legal y religioso de maneras que hoy son impredecibles».[3]

Ya entonces, Stern vio casi todos los temas que mencionamos y otros que están por venir. Vio que los campus religiosos y el trabajo de las instituciones religiosas serían escenarios inevitables de conflictos legales. Señaló que el empleo es una de las cuestiones cruciales del conflicto legal y habló con pesimismo sobre la capacidad de las instituciones religiosas para mantener su libertad en este contexto. Como argumentó Stern, «la legalización del matrimonio entre personas del mismo sexo representaría el triunfo de una ética basada en la igualdad frente a una ética basada en la fe, y no solo en la legalidad. La cuestión que queda por resolver es si los defensores de la tolerancia están dispuestos a tolerar a quienes proponen una visión ética diferente. Creo que la respuesta será que no».[4]

Otros expertos en leyes también verificaron la evaluación de Stern. Chai R. Feldblum —una activista lesbiana que ha propugnado el matrimonio homosexual y la legalización de la poligamia— usó una franqueza poco común al describir «el conflicto que [...] existe entre las leyes que protegen la libertad de las personas lesbianas, homosexuales, transexuales y bisexuales (LGTB) de manera que puedan vivir vidas dignas e íntegras, y la creencia religiosa de algunas personas cuya conducta está regulada por dichas leyes».[5] Prosiguió diciendo que «quienes abogan por la igualdad LGTB han subestimado el impacto de tales leyes en las creencias religiosas de algunas personas y, de igual manera, creo que quienes buscaban la exención religiosa de tales leyes de derechos civiles han subestimado el impacto que dichas exenciones tendrían en las personas LGTB».[6]

Nombrado y posteriormente confirmado como comisionado de la U. S. Equal Employment Opportunity Commission [Comisión de Igualdad de Oportunidades en el Empleo de Estados Unidos], Feldblum declaró en un contexto diferente que el resultado final de la legislación antidiscriminatoria significaría la victoria de los derechos sexuales por encima de la libertad religiosa. Comentó que no se le ocurría *un solo caso* en el que, ni siquiera hipotéticamente, la libertad religiosa triunfara sobre la coerción para la nueva moralidad.

En otras palabras, no debe haber excepciones. La libertad religiosa como derecho fundamental basado en la Constitución de Estados Unidos se desvanece y pasa a un segundo plano como resultado de un compromiso social superior: la libertad sexual.

Conflicto de libertades: libertad religiosa frente a libertad erótica

Ahora nos enfrentamos a un inevitable conflicto de libertades. En este contexto de cambio moral agudo y radical, el conflicto de libertades es desgarrador, exageradamente grande y destacado. En este caso, el conflicto de libertades significa que el nuevo régimen moral, con el respaldo de los tribunales y del estado regulador, dará prioridad a la libertad erótica sobre la libertad religiosa. En las últimas décadas, hemos visto venir esta revolución. La libertad erótica se ha erigido como un derecho más fundamental que la libertad religiosa. La libertad erótica ahora margina, subvierte y neutraliza la libertad religiosa, una libertad muy apreciada por los fundadores de esta nación y de su orden constitucional. Debemos recordar que los redactores de la Constitución no creían que estuvieran creando derechos en ella, sino que más bien estaban reconociendo derechos otorgados a toda la humanidad por «la naturaleza y el Dios de la naturaleza».

La libertad erótica surge directamente de los argumentos expuestos en las opiniones emitidas por el Tribunal Supremo de Estados Unidos. La sentencia Griswold y la «conclusión» de William O. Douglas sobre el derecho a la privacidad, y en consecuencia el derecho a las píldoras anticonceptivas dentro de la Decimocuarta Enmienda de la Constitución de Estados Unidos, establecieron en buena medida los cimientos para el progreso de la libertad erótica. Como reconoció Douglas, este derecho no es en absoluto explícito ni está presente en el texto de la Constitución. Se deduce de las palabras de la carta magna. De igual manera, en la sentencia de *Planned Parenthood of Southeastern Pennsylvania contra Casey* en 1992, los jueces Sandra Day O'Connor, Anthony Kennedy y David Souter declararon: «En el corazón de la libertad se encuentra el derecho a definir el propio concepto de la existencia, el significado, el universo, y el misterio de la vida humana»,[7] una definición de libertad que también influyó en la sentencia de Lawrence contra Texas en 2003 que anuló todas las leyes contra la sodomía.

El uso de ese lenguaje pone de manifiesto cómo la libertad erótica tipifica la libertad más apreciada por la cultura y más respetada por los tribunales en el marco de la era secular. Una libertad que ni existía cuando se redactó la Constitución, ni siquiera en la imaginación de los fundadores, sustituye ahora a las protecciones que están explícitas en la Constitución. Esto explica la trayectoria de las decisiones judiciales y de los desarrollos jurídicos y, al mismo tiempo, revela la trayectoria que cabe esperar que se extienda aún más en el futuro.

La libertad religiosa y las acusaciones de «discurso de odio»

Tomada al pie de la letra, la directriz de los tribunales resucita al fantasma de las leyes contra la libertad de expresión. En los últimos años, ha surgido la noción de «discurso de odio» como una forma de proponer normas morales o leyes que prohíban ciertas expresiones en la esfera pública porque podrían considerarse despectivas hacia un individuo o una minoría. Tanto en Europa como en Canadá, se han utilizado leyes contra el discurso de odio para sancionar y criminalizar el discurso cristiano, ya sea que hable un pastor en el púlpito o un cristiano particular en la tribuna pública.

Los cristianos estadounidenses a menudo dan por sentado que la Primera Enmienda de la Constitución y su garantía de libertad de expresión serán una poderosa defensa legal contra casos similares en Estados Unidos. La respuesta a esto debe comenzar con el reconocimiento de que la garantía de la libertad de expresión en la Primera Enmienda de la Constitución es en sí misma una declaración muy contundente y directa que cuenta con un apoyo social masivo. Pero, para no acomodarnos demasiado en esa seguridad, los cristianos debemos recordar que esta misma Primera Enmienda que garantiza la libertad de expresión garantiza también la libertad religiosa, y ya nos hemos dado cuenta de que la libertad religiosa es cualquier cosa menos segura.

También debemos reconocer que la lógica de la legislación sobre la incitación al odio no se limita a las acciones emprendidas por el gobierno. La lógica de la legislación sobre la incitación al odio se está adoptando cada vez más en los campus universitarios. Mientras que en las generaciones anteriores la llamada «corrección política» regulaba de forma generalizada el lenguaje, esa misma lógica se está extendiendo ahora, de forma más determinante, contra cualquier forma de lenguaje que pudiera implicar un juicio moral negativo sobre la comunidad LGTB u otras minorías sexuales. De igual manera, los códigos de lenguaje de las aulas de muchas escuelas públicas estadounidenses imponen las mismas pautas a los estudiantes.

En este país, han llegado a los tribunales casos relacionados con el derecho de los niños y adolescentes cristianos a llevar una camiseta que quizás no tenga más que un versículo bíblico o una frase en que se afirme la heterosexualidad. La misma lógica que lleva a los educadores de países como Suecia y Canadá a prohibir el uso de pronombres personales de género está llevando a muchos profesores y educadores de los distritos escolares estadounidenses a censurar y controlar el lenguaje con el fin de evitar cualquier expresión (incluso el uso de las palabras «novia» y «novio») que pueda considerarse perjudicial, en algún sentido, para alguno de los que están en el aula. En los campus estadounidenses, algunos docentes y estudiantes incluso exigen que los profesores formulen «alertas de contenido delicado» cuando mencionan ciertos temas para avisar con antelación a los estudiantes que pueden resultar traumatizados, incluso en conferencias académicas relacionadas con el sexo o la orientación sexual (entre otras cosas) en el contexto del aula.

Aun cuando se supone que la libertad religiosa debe ser reconocida y afirmada, a menudo se la transforma y minimiza. La administración Obama es un ejemplo clásico de ello. Numerosos representantes de la administración, incluido el propio presidente Obama, han cambiado su expresión de «libertad religiosa» a «libertad de culto». Aunque estas dos frases pueden parecer muy similares, la libertad de culto constituye una grave y letal reducción de la libertad religiosa. La libertad religiosa no se limita a lo que ocurre dentro de los confines del edificio de una iglesia y sus servicios. La libertad de culto margina y convierte en un gueto la libertad de expresión cristiana, de modo que sus libertades solo existen dentro de las instalaciones de una iglesia, pero no garantiza el derecho a una voz pública. La libertad de culto básicamente amordaza al cristiano en la esfera pública.[8]

Desafíos recientes a la libertad religiosa

En los meses siguientes a la sentencia Windsor del Tribunal Supremo, se presentaron varios retos para la libertad religiosa. En octubre de 2014, la alcaldesa de Houston, Annise Parker, encabezó un esfuerzo para adoptar una ley contra la discriminación que, entre otras cosas, permitiera a las personas transgénero interponer una denuncia y presentar cargos en caso de que se les negara el acceso a un baño.

Varios pastores del área de Houston participaron en un intento de rescindir la ordenanza. Participaron en una recogida de firmas que habría planteado la cuestión a los votantes, y movilizaron a sus congregaciones para ello. Consiguieron más firmas de las necesarias en la petición, pero el fiscal de la ciudad invalidó muchas de las firmas basándose en tecnicismos. El fiscal de la ciudad intervino después de que el funcionario municipal competente ya había certificado su validez. Esto sentó las bases para la demanda, y la demanda sentó las bases para las citaciones judiciales.

El mero hecho de que se emitieran las citaciones fue escandaloso: ninguno de los pastores formaba ni siquiera parte del proceso. Pero la redacción misma de las citaciones era draconiana, casi increíble. Los abogados que trabajan para la ciudad exigieron todos los sermones «preparados por, entregados por, revisados por o aprobados por usted o en su poder» sobre asuntos que incluían no solo al alcalde y la ordenanza, sino también la homosexualidad y la identidad de género.[9]

Esto supuso una flagrante violación de la libertad religiosa, y un caso de matonismo político en su peor expresión. Una importante ciudad estadounidense intentó emplazar a juicio los sermones de los pastores cristianos. Y esos sermones debían incluir cualquier alusión a la homosexualidad o a la identidad de género.

El hecho de que las citaciones se retiraran finalmente gracias a la presión pública no elimina el hecho de que se emitieran y se mantuvieran durante varias semanas. En todo caso, el incidente de Houston es una alerta dramática de lo cerca que están las infracciones y las violaciones de la libertad religiosa.

Apenas unas semanas después, Kelvin Cochran, jefe del Departamento de Bomberos de Atlanta, fue despedido después de escribir un libro en el que afirmaba que la Biblia condena los actos homosexuales. El alcalde de Atlanta, Kasim Reed, tomó estas medidas extremas contra el jefe Cochran pese a la ausencia de acusaciones de actuación discriminatoria hacia cualquier empleado del departamento. El alcalde Reed indicó que las opiniones del jefe Cochran expresadas en el libro eran incompatibles con las políticas antidiscriminatorias de la ciudad. Reed declaró: «Quiero dejar claro que el material del libro del jefe Cochran no es representativo de mis creencias personales, y que es incompatible con el trabajo de la administración para hacer de Atlanta una ciudad más acogedora para todos sus ciudadanos, sea cual sea su orientación sexual, género, raza y creencias religiosas».[10] Sin embargo, el alcalde no aplicó su preocupación antidiscriminatoria con respecto a las creencias religiosas al jefe Cochran, quien claramente expresó sus puntos de vista como materia de creencias bíblicas.

El terrible asunto de los sermones emplazados a juicio en Houston y el despido del jefe Cochran es una imagen de lo que nos espera. Así es como muere la libertad religiosa, acumulando recortes. Una carta intimidante aquí, una citación allá, una advertencia más allá. El mensaje es simple y fácil de entender. Cállate y no te muevas o te arriesgas a tener problemas.

La libertad religiosa en juego

Los desafíos que enfrentaremos en cuanto a la libertad religiosa son inmensos y aumentan con el tiempo. El gobierno tiene a su disposición mecanismos de coerción moral que van más allá de las prisiones, las cárceles y las multas. Por ejemplo, a algunos empresarios que se negaban a participar en bodas homosexuales, como fotógrafos, pasteleros o floristas, se les exigía que realizaran un curso de «formación en sensibilidad». Para entender cómo utiliza el nuevo régimen moral la formación en sensibilidad, conviene recordar obras icónicas del siglo veinte, como *Un mundo feliz*, de Aldous Huxley, y *1984*, de George Orwell. Estos programas de formación en sensibilidad representan esfuerzos para conseguir una limpieza intelectual. Y ahora, en algunas jurisdicciones, pueden imponerse a los creyentes religiosos que se atreven a oponerse a la moralidad del nuevo régimen.

Sin embargo, estos mismos mecanismos de control y moldeo del pensamiento están afectando a muchos más estadounidenses al ingresar en las universidades de nuestro país. En el campus universitario estatal típico de hoy en día, así como en las instituciones privadas de élite, los estudiantes de primer año deben asistir a horas de capacitación en sensibilidad y adoctrinamiento moral sobre la nueva moralidad de los códigos de sexo en el campus. En casi todos los casos, este adoctrinamiento implica instrucción sobre la única forma aceptable de pensar y hablar acerca de la comunidad LGTB y otras minorías sexuales.

La trayectoria de las cortes federales ya se ve claramente. Cuando el Tribunal Supremo de Estados Unidos emitió su veredicto en el caso de la Proposición 8 y la impugnación legal de la Ley de Defensa del Matrimonio, el impulso hacia la normalización total de la homosexualidad y la legalización del matrimonio homosexual avanzaba a velocidad de vértigo. Cuando se dictó la sentencia Windsor en 2013, el juez Antonin Scalia anunció que la imposición de la legalización del matrimonio entre personas del mismo sexo era ya inevitable. Acusó al juez Anthony Kennedy, que redactó el dictamen de la mayoría, y a sus colegas de no haber estado dispuestos a declararlo con valentía. Tal como el juez Scalia anticipó, lo único que nos queda por esperar ahora es que llegue la consecuencia inevitable.[11]

El juez Scalia afirmó que la sucesión de casos representativos del progreso del movimiento de liberación gay significaba de hecho el fin de toda la legislación sobre la moral. Pero se equivocó en una cosa. La trayectoria actual de los tribunales significa el fin de toda la legislación moral que la sociedad americana reconocía hace solo unas décadas. Podemos anticipar una nueva legislación moral que reforzará los importantes avances logrados por los liberacionistas del sexo. Los cristianos y otros ciudadanos religiosos tendrán que estar muy pendientes de estas nuevas leyes, ya que la libertad religiosa estará en juego en cada una de ellas.

La política de «no tomar prisioneros» que ahora exigen los liberacionistas morales y que cada vez es más aceptado por los tribunales implica que es probable que haya excepciones escasas y limitadas, aun cuando las leyes y los reglamentos permitan supuestamente «excepciones religiosas». Ya hemos visto esto en el mandato sobre la contracepción en la Affordable Care Act. Las autoridades de la administración Obama y del Departamento de Salud y Servicios Humanos hablaron de la exención religiosa solo en términos de «lugares de culto», lo que demuestra una vez más la determinación de reducir la libertad de religión a la libertad de culto.

El desafío a la libertad religiosa al que nos enfrentamos ahora atrapa a todos los creyentes, a todas las instituciones religiosas y a todas las congregaciones en la palestra del conflicto donde ahora chocan la libertad erótica y la libertad religiosa. Esto no les plantea ningún problema a los teólogos liberales y a sus iglesias y denominaciones porque esas iglesias se han adaptado a la nueva moralidad y se sienten muy cómodas en el contexto del nuevo régimen moral. Además, algunas de estas denominaciones e iglesias liberales se autoproclaman defensoras de la nueva moralidad y defienden modificaciones legales que restringen los derechos a la libertad religiosa de las iglesias y denominaciones más conservadoras.

Los escenarios de conflicto ya son muchos y están multiplicándose. Los colegios y universidades cristianos afrontarán la amenaza inmediata de ser aún más marginados en la cultura general. Algunos se verán amenazados con que se les niegue la acreditación y se les etiquete como ilegales simplemente por seguir siendo fieles a las convicciones cristianas históricas y a la responsabilidad bíblica. Dado que las agencias y organizaciones de acreditación, como la NCAA, se identifican como asociaciones de voluntarios, pueden hacer una reivindicación legal para discriminar sobre esa base. Pero la naturaleza «voluntaria» de organizaciones como las agencias regionales de acreditación se ve afectada por el hecho de que, en muchas jurisdicciones, los colegios y universidades están obligados a contar con dicha acreditación para gozar de la autoridad legal para llevar a cabo sus programas.

Las iglesias cristianas también deben ser conscientes de la amenaza que representa la revolución sexual. La libertad de la iglesia no es solo la libertad de predicar y enseñar dentro de los límites de su culto de adoración. Aun cuando hay quienes piden ya que se restrinja o sancione la libertad de expresión de los predicadores, la amenaza más apremiante es que el ministerio de la iglesia se vea restringido por medio de otros reglamentos y políticas discriminatorios. Los cristianos del mundo empresarial deben observar con cuidado la legislación, como la Ley de No Discriminación en el Empleo (ENDA, por sus siglas en inglés). Sin protección para la libertad religiosa y la conciencia cristiana, estas leyes se utilizarán de una manera que exija que muchos cristianos del mundo empresarial tengan que decidir entre comprometer sus convicciones o abandonar el negocio.

Los empleados y ejecutivos de muchas corporaciones e instituciones estadounidenses ya se enfrentan a esta amenaza. Deben o bien apoyar el nuevo régimen moral o bien quitarse de en medio. Las organizaciones humanitarias cristianas se enfrentan a la imposibilidad de acceder al ministerio, a menos que apoyen la nueva moralidad sexual y actúen de acuerdo con sus preceptos. Los estudiantes de las escuelas públicas se enfrentan a la negación de los derechos de libertad religiosa y de libre asociación. Las parejas cristianas pueden encontrarse con serias dificultades cuando intenten adoptar hijos. No se trata de amenazas vacías ni de cuestiones de preocupación hipotética. Cada una de estas amenazas tiene sus raíces en argumentos ya formulados en la esfera pública o en procesos políticos y jurídicos ya en marcha.

Curiosamente, Jonathan Rauch, uno de los primeros defensores del matrimonio gay, avisó a sus colegas de la revolución moral que debían tener cuidado de no pisotear los derechos de conciencia y la libertad religiosa de sus adversarios. En su libro *Kindly Inquisitors, The New Attacks on Free Thought* (Inquisidores amables, los nuevos ataques al libre pensamiento), Rauch expresó su preocupación: «Hoy me temo que muchas personas que están de mi lado en la cuestión de la igualdad gay se están olvidando de nuestra deuda con el sistema que nos liberó. Algunos gais —no todos, ni siquiera la mayoría, pero sí bastantes— quieren eliminar los puntos de vista discriminatorios. La discriminación es discriminación y la intolerancia es intolerancia —dicen— y son intolerables, sean o no la religión o el credo moral de alguien».[12]

Rauch también declaró: «Espero que cuando los gais —y los que no lo son— encontremos opiniones odiosas o discriminatorias, respondamos no tratando de silenciarlos o castigarlos, sino de corregirlos».[13] Sin embargo, hay muy pocos indicios de que se esté atendiendo a la exhortación de Rauch. Un repaso por los problemas de libertad religiosa que ya afrontan los derechos de conciencia, conducta y creencia de los cristianos convencidos nos muestra cuán desalentadora es la realidad. Podemos estar seguros de que este no es el fin de nuestras dificultades. Es solo el principio.

9

LA COMPASIÓN DE LA VERDAD: LA IGLESIA Y EL DESAFÍO DE LA REVOLUCIÓN SEXUAL

La revolución sexual presenta un gigantesco desafío para la iglesia, pero esta no es la primera revolución que ha exigido una respuesta cristiana. En esta nueva era, sin embargo, la iglesia se enfrenta a una revolución diferente a las del pasado. Como hemos visto, esta revolución moral desafía el corazón mismo de la convicción cristiana. También hemos visto que esta revolución no surgió de un vacío. Décadas de cambios intelectuales y sociales precedieron a esta revolución y la hicieron posible, si no inevitable. Además, debemos reconocer que, a medida que la revolución sexual vaya ganando más y más terreno en la opinión pública, la iglesia seguirá siendo desplazada en la cultura general.

Los sociólogos identifican la trayectoria de nuestra cultura en términos de la secularización y sus efectos. Conforme se desarrollan las culturas y se vuelven más industrializadas y tecnológicamente avanzadas, el teísmo retrocede y el espacio público queda cada vez más vacío de convicciones teológicas. La era moderna nos ha traído tanto peligros como promesas, ofreciendo bienes tecnológicos y progresos sociales que los cristianos celebran y utilizan. Al mismo tiempo, la era moderna ha abierto la puerta a una nueva moralidad que los cristianos bíblicos creen que amenazará, en lugar de realzar, la dignidad y el desarrollo humanos.

Para los cristianos estadounidenses (y para los cristianos evangélicos en particular) esta revolución cambia del todo las tornas. Los evangélicos de este país están acostumbrados al respeto social y a la credibilidad. Hemos tenido acceso a espacios culturales de influencia, aunque entendíamos que a menudo en esos contextos solo éramos invitados. Sin embargo, éramos bienvenidos y confiábamos en que nuestra voz y nuestro mensaje fueran respetados.

Todo eso ha cambiado. En cierto sentido, podríamos decir que gran parte de lo que se ha perdido es periférico y ceremonial. Las últimas décadas hacen difícil imaginar una toma de posesión del presidente en la que una figura evangélica no desempeñe al menos un papel ceremonial. Sin embargo, como vimos con el pastor Louie Giglio en 2013, cualquier pastor cristiano que haya predicado un mensaje declarando que la homosexualidad es pecado está ahora descalificado ante los ojos de muchos.[1] Hubo un día en que era políticamente inconcebible imaginar que una figura evangélica como Billy Graham no fuera invitada a la Casa Blanca o a participar en la toma de posesión del presidente de Estados Unidos. Ese tiempo ya pasó. Ahora no es probable que un pastor fiel a las enseñanzas bíblicas sobre la sexualidad y el matrimonio se encuentre en esa plataforma. Así de rápido ha cambiado el mundo.

A los ojos del mundo secular, los cristianos —y los evangélicos en particular— constituyen una vergüenza cada vez mayor. Lo que es aún más inquietante, algunos de nosotros nos hemos convertido en una vergüenza para nuestros propios hijos. Muchos de la generación milénica están comprometidos con lo que algunos expertos llaman el «undécimo mandamiento» de nuestra cultura: *No serás intolerante.*

Las convicciones cristianas sobre la sexualidad humana se descartan ya como anticuadas, desfasadas y fuera de lugar. En respuesta, muchos padres, pastores y líderes evangélicos parecen estar retrocediendo hacia el silencio, por no decir hacia la rendición total. Como me dijo un pastor hace unos años: «Tengo una postura con respecto a la homosexualidad, pero mi iglesia no sabe cuál es».

La iglesia debe reconocer que la revolución sexual ha transformado enormemente nuestra sociedad, sobre todo en las últimas décadas. Debemos esperar un terrible perjuicio, el declive del desarrollo humano y restricciones a nuestro mensaje y a la libertad de la iglesia cristiana. Al mismo tiempo, debemos darnos cuenta de que un pueblo evangélico —es decir, una iglesia verdaderamente evangélica— considerará este desafío como una oportunidad, aun cuando lo reconozca como una realidad trágica.

Por lo menos, la nueva moralidad de una cultura poscristiana nos libera de nuestra ilusoria confianza en que las personas que nos rodean, aunque no tengan a Cristo, son de alguna manera cristianas, o por lo menos actuarán como tales. Las encuestas que indican que la gran mayoría de los estadounidenses eran cristianos en general, y evangélicos en particular, han infundido una errónea confianza a los evangélicos. Nos hemos visto como dominantes en esta cultura, sobre todo en el llamado Cinturón Bíblico y en otras áreas de concentración de influencia evangélica. Sin embargo, nos hemos engañado a nosotros mismos al creer que nuestros vecinos son creyentes aun sin tener un compromiso consciente con la fe cristiana ni una muestra activa de discipulado cristiano.

Ahora estamos presenciando cómo el cristianismo cultural desaparece con la misma rapidez que la neblina de la mañana. Las autoridades culturales están rechazando con condescendencia, o con algo peor, el cristianismo bíblico. Cuanto mayor va siendo el precio de identificarse con Cristo, más desaparece el cristianismo cultural, que tantos millones de estadounidenses afirmaban cuando les beneficiaba.

Los sociólogos han comprendido hace tiempo que la trayectoria moral y social de una sociedad viene determinada por el deseo de acumular capital social. El capital social está representado por el respeto, la estima y el ascenso social que reciben un individuo o un grupo por ser admirados y emulados dentro de la sociedad. El capital social se adquiere al obtener credenciales, respeto personal y una red de relaciones sociales, así como cuando el individuo refuerza el progreso de la sociedad en general y se identifica con el rumbo de la cultura. Durante mucho tiempo, los cristianos evangélicos gozamos de un gran capital social, al igual que los que se identificaban con nosotros.

Hubo un tiempo en que al unirse a la Primera Iglesia Bautista o a la Primera Iglesia Metodista se ganaba capital social dentro de la comunidad. Ahora, identificarse con una congregación evangélica puede ser a costa de una oportunidad de trabajo, de la pertenencia a círculos sociales respetados y de la posibilidad de tener una voz en la esfera pública. Si la generación de cristianos de más edad sufre agudamente este problema, imagínense el impacto que esto tiene en las vidas de los jóvenes evangélicos. Ahora llegan al campus de la universidad estadounidense (o al de la escuela secundaria) y arriesgan su capital social cada vez que se identifican como cristianos evangélicos.

En ese contexto, articular cualquier juicio moral coherente con la declaración de la Biblia sobre el comportamiento homosexual es arriesgarse a ser condenado al ostracismo, incluso en el corazón del Cinturón Bíblico. Creer y defender la enseñanza histórica de la iglesia cristiana sobre la homosexualidad en los barrios residenciales de Atlanta puede resultar casi tan caro como tratar de hacerlo en el centro de Manhattan. Casi de la noche a la mañana, todo un mundo ha cambiado.

La iglesia y la revolución sexual: retrospectiva y pronóstico

Aunque debemos subrayar la responsabilidad de cada cristiano de permanecer fiel en tiempos de crisis teológica, un planteamiento individualista del desafío de la revolución sexual resulta inadecuado y está condenado al fracaso. Nuestra preocupación no debe limitarse a la respuesta del cristiano particular, sino que debe incluir la respuesta unificada de la iglesia creyente y fiel del Señor Jesucristo. El Nuevo Testamento no contempla al cristiano fuera de la comunidad confesante y adoradora de la iglesia. Por lo tanto, al considerar nuestra responsabilidad cristiana frente a estos cambios sociales y desafíos morales dramáticos, nuestra respuesta debe basarse en las Sagradas Escrituras y en «la fe que ha sido una vez dada a los santos» (Jud 1.3), una respuesta que sea fiel a las enseñanzas de los apóstoles, de los padres de la iglesia, de los reformadores y de los cristianos fieles de la historia.

Al encarar un desafío revolucionario como el del movimiento de liberación sexual, los cristianos debemos reconocer que nuestra responsabilidad no es tan solo hablar por la iglesia de hoy, sino hablar en nombre de la iglesia histórica y eterna. Debemos considerar a los hermanos y hermanas que nos precedieron y darles voz en la formulación teológica de hoy. También debemos mirar a las generaciones cristianas venideras. Nuestra respuesta a este desafío tendrá mucho que ver con si las iglesias y denominaciones que lo conocen mantienen una fidelidad continua al evangelio del Señor Jesucristo y a la autoridad de las Escrituras.

También debemos responder a esto entendiendo que no nos guiamos por nuestra propia sabiduría. Antes bien, afirmamos la responsabilidad de los cristianos de cada generación y de cada iglesia verdadera y correctamente ordenada de ser dirigidos por el Espíritu Santo a través del ministerio de la Palabra.

Estas afirmaciones nos fundamentan en la fe cristiana tal como ha sido correctamente predicada, enseñada y creída por milenios. Estas afirmaciones nos fundamentan debidamente en el *Sensus Fidelium* del cristianismo histórico y bíblico y nos ligan a las enseñanzas de las Escrituras, pues no podemos prescindir de ella como revelación autoritativa ni como don misericordioso de Dios. En fidelidad a Cristo, nos ligamos a las Escrituras. Al hacerlo, pretendemos vivir nuestras vidas y hablarles a las vidas de los demás sobre la base del mensaje redentor de salvación.

Mantener el rumbo en la compasión de la verdad

Esto nos lleva a la primera cuestión. La iglesia está ahora, más que nunca en la historia reciente, tentada a adaptarse a la nueva moralidad. Bajo la mirada atenta y exigente de los revolucionarios de la moral, la iglesia se ve ahora tentada a declarar que las conductas homosexuales no son pecado y que los preceptos morales del movimiento de liberación gay deben ser bien acogidos y celebrados como un avance en la progresión de la moral de la humanidad.

El primer problema es que sabemos que esa afirmación es falsa. Puesto que la Escritura es la palabra misma de Dios, nunca falla, nunca se equivoca, y es suficiente para revelarnos el modelo de Dios para la humanidad, la verdad sobre nosotros mismos y la realidad de nuestra pecaminosidad. Acomodarse a la revolución moral y ratificar su moralidad es considerar lo que la Biblia llama pecado y llamarlo de otra manera. Es más, los revolucionarios de la moralidad nos exigen ahora que cambiemos nuestra forma de entender las conductas y relaciones homosexuales de la categoría de pecado a la categoría de bien moral. Pero debemos reconocer y tomar en cuenta lo que esto significaría.

Tal cambio significaría pasar de la autoridad de la Escritura a una nueva autoridad: la de la nueva moralidad. Además, significaría decirles a nuestros amigos y vecinos que su pecado no es pecado. Significaría ignorar su necesidad de un Salvador.

Aquí es donde los cristianos debemos mantener nuestra cordura bíblica y teológica, aun cuando las voces de nuestro alrededor nos exigen que nos unamos a la locura moral. Un fracaso en este sentido no solo relegará a la iglesia a perder la fidelidad bíblica en su voz y en su mensaje, sino que también la arrastrará a confundir a millones de personas acerca de su necesidad de Jesús. Rechazar o reducir la pecaminosidad del pecado significa injuriar la cruz del Señor Jesucristo. Según la Escritura, Cristo murió por nuestros pecados. Tomar lo que la Biblia declara como pecado —pecado por el cual Cristo murió— y restarle importancia a su gravedad es un insulto a la cruz de Cristo y engaña a los pecadores sobre su necesidad de una salvación que se puede obtener tan solo por medio de la expiación de Cristo. Una falta de esta magnitud resulta imposible de calcular o cuantificar.

Cuando se exige de los cristianos una respuesta compasiva a expensas de la verdad, debemos entender que toda compasión separada de la verdad es falsa y es una mentira contra ella. La Escritura enseña que la verdad es en sí misma compasiva. El apóstol Pablo habló de esto en Romanos 7 cuando explicó cómo la ley le reveló su pecado para que él lo entendiera mediante la acusación de la ley moral. «Me mató», testificó Pablo (Ro 7.11), y, sin embargo, insistió en que la ley es buena precisamente porque le indicaba su necesidad de arrepentimiento y fe en el Señor Jesucristo. De igual manera, los cristianos debemos afirmar la compasión de la verdad en esta generación atribulada.

El fracaso del moralismo

Esto no significa que la iglesia no pueda pecar mientras dice la verdad. Mientras la iglesia considera el desafío de esta era, debemos reconocer nuestro propio pecado, incluso cuando decimos la verdad. Los cristianos no lanzamos la verdad como una lanza a un mundo pecador. Somos llamados a vivir la verdad, a enseñar la verdad, a ser la verdad y a amar a nuestro prójimo sobre la base de esa verdad. Y debemos admitir que la iglesia a menudo fracasa en esta tarea, miserablemente.

Como cristiano evangélico comprometido, me he esforzado por ser fiel a las Escrituras y he dedicado mi vida a entender y enseñar la verdad de Dios tal como se revela en las Escrituras para ayudar a los cristianos a ser discípulos fieles del Señor Jesucristo. Con ese fin, he enseñado y predicado regularmente sobre estos temas cruciales durante varias décadas. Gracias a Dios, estoy seguro de que no hay ningún punto importante de la enseñanza en el que ahora sienta la necesidad de retractarme. Sin embargo, puedo ver defectos en mi propia vida y ministerio y en la iglesia en general que son demasiado evidentes a la luz de nuestro desafío actual.

El mayor problema al que nos enfrentamos es que la iglesia con demasiada frecuencia confunde el moralismo con el evangelio. El moralismo es uno de los mayores enemigos del evangelio. Representa la falsa esperanza de salvación a través de una conducta correcta y de una reforma moral en vez de por el arrepentimiento y la fe en el Señor Jesucristo. Tal como el Nuevo Testamento aclara explícitamente, la iglesia siempre se ha visto tentada por los peligros del moralismo. Por desgracia, los evangélicos estadounidenses solemos tener el moralismo como reacción instintiva. Este es un hecho verdaderamente trágico. Los evangélicos, después de todo, somos los que tomamos nuestro nombre del evangelio, y se supone que somos los herederos espirituales de la doctrina de la Reforma que dice que la salvación es por gracia.

Para aclarar el problema del moralismo, basta con considerar cuántos evangélicos se alegrarían de que desapareciera el desafío homosexual. Muchos evangélicos, en especial los de más edad, se sentirían felices de ver que Estados Unidos regresara a la sociedad que conocimos en los años cincuenta y sesenta, cuando la homosexualidad era todavía el amor «que no se atrevía a pronunciar su nombre».[2] El moralismo nos engaña haciéndonos creer que el pecado deja de ser nuestro problema o nuestra responsabilidad cuando desaparece de nuestra consciencia cultural.

En la cultura en la que me crie, la mayoría de los cristianos de clase media dividían a la humanidad entre los que habían sido «educados correctamente» y los que no. Pero el infierno estará lleno de innumerables almas que fueron «educadas correctamente» y murieron sin Cristo. Incluso entre los que sabemos que el moralismo es un evangelio falso, los instintos espirituales moralistas siempre están listos para volver a nuestros corazones y a nuestro razonamiento moral.

El fracaso de la teología aberrante

La respuesta de la iglesia a este desafío con la compasión de la verdad implica que hay que revisar nuestra pretensión de superioridad moral de partida. En lugar de actuar con santurronería, debemos estar agradecidos de que, por la gracia de Dios, las influencias cristianas y bíblicas transformaron la trayectoria de nuestras vidas en lugar de hacerlo las influencias de las nuevas autoridades morales que nos habrían alejado de las Escrituras. Si la salvación es realmente por gracia, nuestra obediencia a la ley moral de Dios es también una cuestión de gracia. Esto no significa minimizar la realidad del pecado, sino más bien, en todos los sentidos, recordarnos que nuestro propio pecado es tan atroz, tan horripilante y tan mortal como el de los homosexuales.

También debemos reconocer que hemos pecado contra los homosexuales al hablar de manera descuidada acerca de la verdadera naturaleza de su pecado. Aquí me acuso a mí mismo. Como mencioné en un capítulo anterior, cuando era un joven teólogo me invitaron a hablar en una conferencia de líderes y pensadores evangélicos, cuando el movimiento de liberación homosexual estaba tomando forma organizada por primera vez. En ese momento, los evangélicos estábamos seguros de que detrás del pecado de la homosexualidad y del estilo de vida gay estaba el factor de elección. Por lo tanto, sentíamos la obligación moral y teológica de negar la idea de una «orientación» homosexual e insistir en que la homosexualidad era, en todos los casos, una elección libre en la que no existía ninguna predisposición. Por eso, debo pedir disculpas a la comunidad homosexual, incluyendo a una gran cantidad de cristianos que han luchado por ser bíblicamente fieles aun cuando tienen luchas con su atracción hacia el mismo sexo.

En un mundo caído, todo ser humano que ha alcanzado la pubertad es un pecador sexual. Cada uno de nosotros tiene un patrón de atracción sexual, excitación e interés del que no puede decir que lo ha elegido. Con el tiempo, el interés erótico llega a nuestra conciencia y, como la mayoría de los adolescentes pueden confirmar, llega sin advertencia ni explicación alguna. Ahora sé que una comprensión bíblica más madura, fiel y consistente de la sexualidad humana afirma que la caída ha impactado tanto la existencia humana que cada uno de nosotros tiene, en un grado u otro, una orientación sexual caída. La mayoría de los cristianos dan testimonio de que su orientación sexual caída se dirige hacia el sexo opuesto. No obstante, ningún cristiano con un patrón de interés sexual hetero está libre de pecado o de impulsos, intereses y pensamientos eróticos no deseados.

Sin embargo, que estos pensamientos no sean invitados no nos exculpa. La Biblia deja claro que siempre somos responsables de nuestros actos pecaminosos, incluso nos condena por nuestros pensamientos de pecado. Esto es lo que Jesús hizo en el Sermón del Monte, yendo más allá de la declaración del Antiguo Testamento de que el adulterio es pecado, para condenar incluso la lujuria como adulterio ya cometido en el corazón. Por lo tanto, no estamos restando importancia a nuestra responsabilidad por nuestros actos pecaminosos y por permitir los pensamientos pecaminosos. Pecamos contra los homosexuales cuando minimizamos su responsabilidad personal por el pecado sexual y malinterpretamos su patrón particular de preferencia sexual como algo que han escogido libremente y a lo que, por tanto, pueden renunciar con igual libertad.

La doctrina cristiana del pecado, asumida con todo su peso y seriedad, debe impedir que creamos que la renuncia puede ser tan sencilla. Los efectos devastadores del pecado se aferran a nosotros incluso cuando tratamos de separarnos de él. Para cualquier pecador, sea de orientación heterosexual u homosexual, la salvación y la libertad solo se encuentran en Cristo. Además, la Biblia presenta la vida cristiana no en términos de una liberación instantánea de los impulsos pecaminosos, sino más bien como un discipulado duradero, una vida regular y disciplinada con otros cristianos en la escuela de Cristo. El arrepentimiento del pecado y la santificación progresiva llegan a los creyentes cuando el Espíritu Santo aplica la Palabra de Dios a sus corazones y los conforma a la imagen de Cristo. Cada creyente es, por lo tanto, una obra en curso. Cada movimiento hacia la obediencia y la conformidad a la imagen de Cristo es otra demostración más de la gracia que está obrando en la vida del cristiano. Una vez más, una teología bíblica sólida debe indicarnos que los que luchan con la atracción homosexual y llegan a la fe en Cristo y se arrepienten de sus pecados continuarán lidiando con algunos de esos pecados e impulsos hasta que Cristo los llame a su hogar.

El fracaso del aislamiento

La iglesia también ha pecado contra los gais, lesbianas y personas transgénero al hablar de ellos como criaturas abstractas fuera de la vida de nuestras propias familias e iglesias. Hemos hablado con frecuencia de ellos como si estuvieran por ahí afuera, pero los que luchan con la orientación homosexual están aquí y entre nosotros. Una revisión de gran parte de la literatura evangélica de las últimas décadas revela hasta qué punto —me avergüenza decirlo— los evangélicos nos hemos referido a estas personas como si habláramos de una tribu que habitaba en una isla lejana de la que podíamos mantenernos a una distancia segura. Esa suposición era falsa entonces y es sumamente falsa ahora. El fracaso de la iglesia en este aspecto ha salido muy caro, porque aleja a los creyentes que intentan ser fieles a Cristo y hablan de ellos como si fueran un problema que hay que resolver y no como hermanos y hermanas a los que hay que acoger.

Estos hombres y mujeres son nuestros hermanos y hermanas, en la medida en que son, como nosotros, creyentes en el Señor Jesucristo, arrepentidos, bautizados para la fe y la obediencia, y que experimentan el ministerio santificador del Espíritu Santo. La exclusión de los homosexuales y otros miembros del movimiento de liberación sexual como personas que están «por ahí afuera» también significa que hemos fracasado —a menudo trágicamente— a la hora de acercarnos a nuestro prójimo con verdadero amor y compasión y con el evangelio de Jesucristo.

La razón por la cual muchas de nuestras iglesias se parecen a nosotros es porque preferimos estar con personas que son como nosotros. Nuestra idolátrica búsqueda de la comodidad (y a menudo nuestro moralismo instintivo) nos lleva a asociarnos con personas que comparten nuestros presupuestos morales y nuestros propios sentimientos morales y teológicos. Sin embargo, Cristo no ordenó a los cristianos que se quedaran dentro de una zona de confort cultural y moral. Les ordenó que fueran a Jerusalén, a Judea, a Samaria y a los confines del mundo (Hch 1.8).

El Nuevo Testamento mismo dice que el amor del apóstol Pablo por el evangelio lo llevó a él y a otros creyentes primitivos a ciudades conocidas por su lascivia, lujuria e idolatría. En esas ciudades, Pablo no adaptó el mensaje cristiano a la norma moral. Él nunca restó importancia al pecado, y nunca insultó la cruz de Cristo vendiendo el evangelio. Pablo obedeció el mandato. Fue al corazón de los centros culturales y predicó el evangelio.

En nuestro contexto moderno, la iglesia debe superar algunas de las reacciones instintivas que ha absorbido del cristianismo cultural y del moralismo «cristiano». Cuando vamos a un partido de las ligas infantiles para ver jugar a nuestros hijos o nietos y vemos a una pareja de lesbianas animando a su hijo, tenemos que superar el instinto aislacionista de alejarnos de esa pareja. Por el contrario, debemos sentarnos a su lado, agradecidos de contar con la oportunidad de establecer una amistad y una relación con personas que sabemos que necesitan el evangelio de Jesucristo, el mismo evangelio que nosotros necesitamos.

Esto significa que debemos continuamente examinar y revisar nuestras intuiciones, sentimientos y reflejos morales frente a las claras enseñanzas de la Escritura. La amistad con una persona no minimiza la pecaminosidad de su pecado ni pone en compromiso la cruz. La fidelidad cristiana de nuestra generación exige que seamos capaces de amar de verdad a las personas, aunque no podamos apoyar su estilo de vida, reconocer la relación que creen que merecen ni aprobar su pecado. Tanto el amor como la verdad son esenciales cuando establecemos una relación correcta con nuestro prójimo de una manera coherente con nuestro compromiso supremo con el evangelio del Señor Jesucristo.

El fracaso del ministerio inadecuado

Los evangélicos también hemos pecado contra los homosexuales al no pelear por lo que debería ser un auténtico ministerio cristiano para su comunidad en la vida de la iglesia. Para ser honesto, la homosexualidad ha asustado a muchos evangélicos que no sabrían qué hacer si una persona que lleva un estilo de vida homosexual se presentara en la puerta y les preguntara con urgencia: «¿Cómo puedo hacerme cristiano?». La iglesia que no agradece la oportunidad de responder a esa pregunta es una iglesia que no cumple con el evangelio.

La respuesta a esa pregunta debe ser la misma que ofreceríamos a cualquier pecador: arrepiéntete, cree en el Señor Jesucristo y serás salvo.

Por supuesto, la respuesta a «¿qué hago ahora?» va más allá de la confesión de fe, y mucho más allá de la profesión pública de fe en el bautismo. Implica entrar en una vida de obediencia y en un caminar con Cristo; el tipo de caminar que requiere que la iglesia, como comunión de los santos, sea un hospital para personas rotas que buscan la sanidad y la plenitud en Cristo. Si no entregamos este mensaje completo, a todas las personas y en todo momento, fracasamos en la tarea y responsabilidad más importante de la iglesia cristiana.

Debemos también reconocer que una de las tentaciones centrales del momento actual es la de fallar justo en la dirección opuesta: no decir la verdad sobre la pecaminosidad del pecado y las claras enseñanzas de la Biblia sobre la sexualidad humana a una generación dispuesta a rechazar el mensaje de la Biblia en todos sus puntos. Las iglesias matan de hambre a sus congregaciones si no las alimentan y nutren de manera continua con una predicación auténtica de la Palabra de Dios. Los pastores que no enseñan todo el consejo de Dios tendrán que responder por no haber enseñado a los cristianos lo que deben saber para un discipulado fiel al Señor Jesús. En demasiadas iglesias, los cristianos solo aprenden verdades generales sobre el cristianismo. Este tipo de conocimiento no puede ofrecer ninguna defensa intelectual ni teológica sólida de las enseñanzas bíblicas con respecto al género, el sexo, el matrimonio y la moralidad.

El fracaso del discipulado superficial para los jóvenes

Por último, la iglesia les ha fallado a los jóvenes cristianos. Hemos fallado en formarlos en la fe, en cimentarlos en la verdad y en prepararlos para el discipulado en una era poscristiana. Estudios recientes sobre adolescentes y jóvenes adultos cristianos apuntan al hecho de que, en general, su comprensión del cristianismo es en realidad lo que el sociólogo Christian Smith identificó como «deísmo terapéutico moralista».[3] Los adolescentes y los jóvenes adultos creen en la existencia de Dios.

Sin embargo, su concepto de Dios es básicamente deísta. Creen que hay un creador, pero que se ha alejado de la actividad del mundo y, aunque básicamente tiene una inclinación positiva hacia sus criaturas, no está involucrado de forma activa en sus vidas.

Estos jóvenes son además moralistas. Creen que hay una ley moral autoritativa y suprema ante la cual todos somos responsables, pero que el código moral de tolerancia y aceptación, tal como lo definen las élites seculares modernas, es esencialmente bueno. Estos jóvenes también están comprometidos con una concepción terapéutica de la religión, convencidos de que el resultado final de cualquier cosa buena, incluida la fe religiosa, debe ser que las personas se sientan mejor consigo mismas, sean felices y superen cualquier «trauma» que puedan haber heredado del pasado.

Christian Smith y su equipo de investigación definen el deísmo terapéutico moralista como algo que se reduce básicamente a este credo:

1. Existe un Dios que creó y ordena el mundo y vela por la vida humana en la tierra.
2. Dios quiere que las personas sean buenas, amables y justas entre sí, como se enseña en la Biblia y en la mayoría de las religiones del mundo.
3. El objetivo central de la vida es ser feliz y sentirse bien con uno mismo.
4. Dios no tiene por qué involucrarse en la vida de cada uno, excepto cuando se le necesita para resolver un problema.
5. Las buenas personas van al cielo cuando mueren.[4]

Por supuesto, esto no es cristianismo bíblico de ninguna clase, pero demasiados jóvenes de nuestras iglesias creen que lo es. Mientras Smith y sus colegas continuaban su investigación sobre estos mismos adolescentes cuando entraban en los «inicios de la adultez», descubrieron que el deísmo terapéutico moralista se extendía hasta la siguiente década de sus vidas. Smith explicó que «la mayoría de los nuevos adultos están contentos con la religión siempre y cuando sea general y acepte la diversidad, pero se sienten incómodos si es otra cosa».[5] Por desgracia, muchos de los adolescentes y jóvenes adultos descritos en esta investigación se criaron en iglesias y hogares evangélicos. Casi con toda seguridad escucharon al menos algunas enseñanzas de la Biblia sobre cuestiones de sexualidad y moralidad. Pero lo que recibieron fue tan insustancial, tan desconectado de la metanarrativa general de las Escrituras y tan desprovisto de un contenido moral e intelectual serio que se desvaneció en cuanto se encontraron entre los suyos con una cultura más comprometida con la tolerancia que con cualquier otro principio moral.

En los últimos años, se nos ha advertido con frecuencia que la generación milénica es cada vez más hostil al cristianismo bíblico, acusando específicamente a los cristianos conservadores de ser intolerantes en lo que respecta a la sexualidad humana. En su libro *Casi cristiano*, David Kinnaman y Gabe Lyons explicaron: «el tema homosexual ha llegado a ser el "más grande", quizá la imagen negativa más entretejida con la reputación cristiana. Es también la dimensión que manifiesta con mayor claridad la fe casi cristiana a los jóvenes actuales, haciendo surgir un torrente de percepciones negativas: criticones, prejuiciosos, retraídos, derechistas, hipócritas, insinceros y desinteresados».[6] En una gran encuesta entre jóvenes adultos, Kinnaman y Lyons descubrieron que los milénicos identificaban la postura condenatoria contra la homosexualidad como la razón número uno por la que ellos rechazaban o abandonaban el cristianismo.

En un segundo proyecto, Kinnaman observó la vida de los jóvenes dentro de la iglesia y encontró un patrón similar. Muchos de estos jóvenes que asistían a la iglesia expresaron la preocupación de que el cristianismo era demasiado crítico, sobre todo en cuestiones de moral sexual, en particular con la homosexualidad. Como Kinnaman explicó:

«Las edades de dieciocho a veintinueve años son el agujero negro de la asistencia a la iglesia; este segmento de edad está "perdido" de la mayoría de las congregaciones». Estos «perdidos» suelen apuntar a que la razón de su ausencia es lo que ellos describen como postura excluyente e intolerante de la iglesia.[7]

A la iglesia no le servirá negar que nos enfrentamos al enorme desafío de comunicar la verdad de la Biblia y el poder del evangelio a esta generación. Es cierto que la iglesia no tiene la responsabilidad exclusiva de este problema. Si bien es verdad que la iglesia ha fallado con frecuencia a la hora de enseñar con fidelidad y de hablar con amor, el hecho es que la iglesia se encuentra ahora en territorio ajeno en una cultura poscristiana. Esto apunta a la realidad de que demasiados jóvenes cristianos, o al menos demasiados jóvenes que han estado en nuestras iglesias, sencillamente no tienen una noción adecuada de la verdad cristiana y del discipulado. Se les ha entretenido, mimado y engatusado, pero no se les ha instruido, y no han sido disciplinados y amados por la comunidad cristiana.

No podemos esperar que una generación de jóvenes cristianos sea fiel si no se ven a sí mismos haciendo otra cosa que repetir los principios morales simplistas que les han dado sus padres y pastores. Solo avanzarán hacia la fidelidad si están arraigados en el tejido de la fe y en las verdades profundas del cristianismo. Continuarán en su fidelidad solo si se ven a sí mismos como parte de la continuidad de una comunidad cristiana que hunde sus raíces en la era apostólica.

Al contrario de lo que parece, sé que la generación milénica no está perdida para la iglesia, y que esta generación tan numerosa en la historia de Estados Unidos es una promesa colosal para la iglesia y para el ministerio evangélico. Como presidente de un seminario y de una universidad, es para mí un gran privilegio ver a miles de jóvenes fieles que se rebelan contra esta cultura y defienden la fe cristiana. No han venido al seminario ni a la universidad en busca de un cristianismo minimalista, moralista, superficial y cultural. Vienen porque quieren contarse entre los fieles del largo linaje de ministros del evangelio que se extiende desde el libro de los Hechos hasta las cafeterías, los vecindarios, los campus y las megaciudades de nuestro día.

La elección que tiene la iglesia ante sí es clara: o bien cimentamos a esta generación en la grandeza y la gloria de todo lo que representa el cristianismo bíblico, o bien vemos cómo la lista de los «perdidos» crece hasta alcanzar proporciones aún más trágicas. Visto desde esta perspectiva, el desafío de la revolución sexual sirve como catalizador para llamar a la iglesia a despertar de un sueño moral a una vida de testimonio y fidelidad cristianos audaz y auténtica.

Reforma o retirada

En vista de la inmensidad del desafío, algunos líderes cristianos están recordando con razón a la iglesia la enseñanza neotestamentaria de que somos un pueblo «exílico».[8] Como historiador y teólogo, sostengo que la iglesia a menudo ha sido más fiel durante los tiempos de exilio y marginación cultural. Ahora debemos arrepentirnos de haber constituido una «mayoría moral». La iglesia confesante es siempre una minoría moral. Aquellos que parecían compartir nuestra moralidad en tiempos pasados, sin compartir nuestra teología, no tardaron en cambiar su propia visión moral cuando a su alrededor cambió la moralidad de la cultura. El colapso del cristianismo cultural no fue el colapso de la iglesia cristiana, sino el colapso de aquellos que vivían del capital social del cristianismo.

El Nuevo Testamento siempre ha dado testimonio del hecho de que los cristianos serían exiliados y extranjeros. El apóstol Pedro se refirió a los creyentes como «los elegidos, extranjeros dispersos» (1P 1.1, NVI), afirmando que el exilio ha sido la experiencia de los creyentes desde el comienzo mismo de la iglesia cristiana.

Pero el exilio no significa el fin del testimonio cristiano o de la fidelidad cristiana. Pedro también mandó a los cristianos a ser testigos de la salvación que se encuentra en Cristo y a vivir como hijos obedientes. En un pasaje memorable, Pedro describió a la iglesia como «linaje escogido, real sacerdocio, nación santa, pueblo adquirido por Dios, para que anunciéis las virtudes de aquel que os llamó de las tinieblas a su luz admirable» (1 P 2.9). Pero Pedro también instruyó a la iglesia a abstenerse «de los deseos carnales que batallan contra el alma» y a mantener «buena vuestra manera de vivir entre los gentiles; para que en lo que murmuran de vosotros como de malhechores, glorifiquen a Dios en el día de la visitación, al considerar vuestras buenas obras» (vv. 11-12). Aquí es precisamente donde se encuentra hoy la iglesia cristiana fiel.

Estamos llamados a ser el pueblo de Cristo, un pueblo que presenta en su vida la evidencia del poder del evangelio y demuestra obediencia por medio de la fidelidad a Cristo y de un testimonio cristiano valiente. Pero también estamos llamados a vigilar nuestra propia conducta, manteniendo vidas honradas para que, incluso cuando se nos calumnie, esa misma calumnia dé testimonio de nuestra fidelidad.

La cultura poscristiana de Estados Unidos está llena de personas que creen que ya han oído demasiado a la iglesia cristiana: demasiado juicio, demasiado moralismo, demasiada intolerancia. El Nuevo Testamento, sin embargo, nos dice que el mundo que nos rodea ha visto y oído muy poco sobre el cristianismo auténtico.

Es natural que pensemos y nos preocupemos por nuestro propio estatus dentro de la cultura general. El exilio es siempre duro y a menudo insoportable. Sin embargo, la dureza de la cultura hacia la moral cristiana no debe disuadirnos de ser valientes a la hora de comunicar la verdad cristiana. La tentación de la retirada es la tentación de la infidelidad. Debemos mantenernos firmes.

Los cristianos que obedecen a Cristo no pueden dejar de procurar una sociedad que conduzca al desarrollo humano. Los cristianos comprometidos con la Biblia no pueden creer que el desarrollo humano puede llegar a costa de reconocer el matrimonio como la unión de un hombre y una mujer, o a costa de reconocer el sexo como el regalo de Dios que debe ser dirigido por su plan soberano. El amor al prójimo nos obliga a involucrarnos en el diálogo cultural y en la lucha por proteger la institución más básica de la civilización: la unión monógama y de pacto entre un hombre y una mujer. Debemos seguir dando testimonio del matrimonio no solo en nuestras enseñanzas, sino también en nuestros matrimonios.

Por último, debemos seguir enseñando todo lo que la Biblia enseña sobre el sexo, la sexualidad, el género y la identidad personal, sin rendirnos al espíritu de esta era para librarnos del exilio. Carl F. H. Henry animó a su generación de evangélicos a evitar cualquier renuncia de responsabilidad cultural y moral, y a presentarse voluntaria para ser «un culto en el desierto en una sociedad secular, sin más importancia pública que la de los antiguos esenios en sus cuevas del mar Muerto».[9]

No debemos exiliarnos, y desde luego no debemos replegarnos en el silencio mientras tengamos una plataforma, una voz y una oportunidad. Debemos recordarnos una y otra vez la compasión de la verdad y la verdad de la compasión. Debemos mirarnos en el espejo y reconocer que, cuando hablamos con los demás, estamos hablando como pecadores salvados por gracia. Debemos decir todo lo que sabemos sobre la base de todo lo que la Escritura revela y confiar en que solo Dios puede hacer que ese mensaje sea convincente y persuasivo para nuestra audiencia.

Debemos adorar fielmente en nuestras iglesias y glorificar a Dios por la bondad de su creación. Debemos permanecer fieles a nuestro compromiso matrimonial y demostrar amor y fidelidad en el matrimonio. Debemos educar a nuestros hijos en la enseñanza y amonestación del Señor, y cimentar a la nueva generación en las verdades de la Palabra de Dios, el poder del evangelio y la gloria de la fidelidad cristiana. Por último, los cristianos debemos mirarnos los unos a los otros a los ojos y recordarnos lo que ahora se requiere de nosotros: decir la verdad, vivir la verdad y dar testimonio de la verdad, tanto si nos invitan a la Casa Blanca como si nos tratan como a exiliados. Lo demás está en las manos de Dios.

10

LAS PREGUNTAS DIFÍCILES

*Pregunta 1. ¿No están siendo selectivos los cristianos con la
ley del Antiguo Testamento cuando apelan a ella con respecto
a la homosexualidad, mientras ignoran los mandamientos
del Antiguo Testamento sobre ropa, comida, etc.?*

En cierto sentido, sí, porque estamos señalando la ley moral, que es
justo lo que el Nuevo Testamento nos enseña a hacer. El libro de Hechos
separa con claridad las leyes ceremoniales y litúrgicas de la ley moral.
El Señor le dijo a Pedro que ya no distinguiera entre animales puros e
inmundos (Hch 10.9–16). Al mismo tiempo, el concilio de Jerusalén
confirmó claramente la continuidad de la ley moral (Hch 15). Pablo
nos dice que el evangelio es para los gentiles así como para los judíos,
lo cual elimina esa distinción en el código de santidad. Sin embargo,
Pablo regresa con regularidad a la ley moral del Antiguo Testamento
para mostrar y defender el carácter de una vida recta en general, y los
mandamientos contra los actos homosexuales en particular.

Si todavía dependiéramos del código levítico para nuestra manera de
entender el sexo, la iglesia tendría una imagen incompleta de la sexualidad
humana. Gracias a Dios, las Escrituras nos dan una imagen completa de

este asunto en el Nuevo Testamento. Por lo tanto, la interpretación básica de la iglesia sobre la pecaminosidad de los actos homosexuales no tiene sus raíces en Levítico, sino en el Nuevo Testamento, y concretamente en textos como el de Romanos 1. La identificación constante de todos los actos homosexuales como explícitamente pecaminosos revela la incuestionable continuidad entre el Antiguo y el Nuevo Testamento.

Pregunta 2. Puesto que Jesús no abordó expresamente la homosexualidad, ¿cómo podemos estar seguros de que la considera un comportamiento pecaminoso?

Jesús se refirió a una multitud de pecados en los cuatro Evangelios. Como se evidencia en el Sermón del Monte, afirmó explícitamente la continuidad de la ley moral del Antiguo Testamento y su intensificación en su reino. Al mismo tiempo, hay muchas cuestiones concretas, tanto antiguas como modernas, para las que no existe un texto bíblico específico que revele de forma explícita lo que Cristo dijo durante su ministerio terrenal. Esto no significa que no podamos saber lo que Cristo creía y enseñó.

Al responder a una pregunta sobre el divorcio, Jesús mismo declaró que el plan de Dios desde el principio era que el hombre y la mujer se unieran en matrimonio. Jesús ratificó el modelo de complementariedad del Génesis, y honró la institución del matrimonio como la unión conyugal de un hombre y una mujer (Mr 10.2–9). En cada uno de los puntos, Jesús afirmó el juicio del Antiguo Testamento contra el pecado sexual. Además, ahondó aún más en ello al ir de la prohibición que hacía el Antiguo Testamento del acto externo a una preocupación aún mayor: la naturaleza pecaminosa del corazón humano.

Pregunta 3. Algunos eruditos han afirmado que los escritos de Pablo sobre la homosexualidad en realidad tratan sobre relaciones homosexuales abusivas (por ejemplo, violación, prostitución, etc.).

¿Acaso no es cierto que lo que dice Pablo no se aplica a las relaciones consentidas entre personas del mismo sexo?

Gracias al trabajo de Robert Gagnon y de muchos otros eruditos bíblicos, sabemos que no es así.[1] Los historiadores seculares del Imperio romano también registran ejemplos claros de relaciones consentidas entre personas del mismo sexo en el mundo grecorromano. Pablo sabía exactamente lo que estaba condenando. Los cristianos debemos recordar, en virtud de la doctrina de la inspiración divina de las Escrituras, que, cuando Pablo condena algo, el Espíritu Santo también lo condena. Cuando citamos a Pablo, citamos al Espíritu Santo.

Romanos 1 y 1 Corintios 5 presentan un argumento muy elaborado sobre la pecaminosidad de los actos y relaciones homosexuales. En 1 Corintios 5, Pablo manifiesta una creencia innegable en la pecaminosidad tanto de los participantes pasivos como de los activos involucrados en el acto de las relaciones sexuales entre varones. Esto es sorprendente, pues la perspectiva secular en el mundo antiguo solo consideraba ignominioso al participante pasivo. En el mundo antiguo, la parte pasiva en las relaciones homosexuales masculinas resultaba vergonzosa al asumir el papel de mujer, pero la parte activa seguía actuando de una manera esencialmente masculina. Pablo, por otro lado, al basar su argumento en Levítico 18, demostró que ambos participantes estaban involucrados en un acto pecaminoso y bajo amenaza de condenación divina.

Pregunta 4. Los autores bíblicos no contaban con la categoría de la orientación sexual, así que ¿no estarán hablando de algo diferente de lo que hablamos nosotros?

Si por orientación sexual se entiende un modelo de interés y excitación sexual, entonces la Biblia es bastante explícita al respecto. En Romanos 1, por ejemplo, Pablo no solo se refiere a hombres que tienen relaciones antinaturales con hombres y mujeres que tienen relaciones antinaturales con mujeres, sino también a personas que arden en pasiones homosexuales el uno hacia el otro. Este lenguaje refleja la preferencia sexual y un patrón de excitación sexual que se corresponde con el concepto moderno de orientación sexual. Además, la Biblia reconoce algo aún más fundamental que la orientación sexual: reconoce una orientación hacia el pecado. Las Escrituras dicen que cada ser humano nace con una orientación pecaminosa. Todos tenemos un patrón de interés, ambiciones y tentaciones propio. Además, todo ser humano que ha pasado por la pubertad tiene una orientación sexual que, de alguna manera, no cumple con la gloria de Dios.

Pregunta 5. ¿El pecado homosexual es peor que otros pecados?

Es muy tentador sugerir que todos los pecados son igual de pecaminosos. En cierto sentido, todo pecado basta por sí solo para justificar nuestra condenación eterna y nuestra separación de un Dios infinitamente santo y justo. Sin embargo, no todos los pecados son iguales en sus aspiraciones, contexto o efecto. No todos son iguales en sus aspiraciones porque algunos pecados están tan profundamente arraigados en la rebelión consciente que equivalen a una flagrante desobediencia o negativa a creer. Con respecto al contexto, la Biblia misma los distingue. Algunos se describen como «contra natura» y otros no. Pablo lo hizo en Romanos 1 cuando habló de la homosexualidad. Él usó el mismo argumento en 1 Corintios 6 cuando mostró que el pecado sexual tiene una cualidad particularmente pecaminosa ya que, a diferencia de otros pecados, va dirigido contra el cuerpo, que, según su argumentación, es templo del Espíritu Santo. Incluso en el Antiguo Testamento, algunos pecados se mencionan como abominaciones, lo que efectivamente los distingue de otros.[2]

Tampoco son todos los pecados iguales en su efecto. Algunos provocan la muerte física. Otros tienen consecuencias mucho menos inmediatas y evidentes. Por esta razón, incluso el sistema de justicia penal reconoce distintos niveles de criminalidad y asigna diferentes penas para diferentes actos criminales. El Antiguo y el Nuevo Testamento también hacen esa distinción. Sin embargo, todo pecado se opone a la justicia y rectitud infinitas de Dios y por lo tanto merece el justo castigo de Dios.

Pregunta 6. ¿Acaso las personas no nacen gais? ¿No significa esto que Dios las hizo gais?

No existen pruebas científicas que sugieran que un individuo puede «nacer» con una orientación sexual hacia su mismo sexo. Sin embargo, el testimonio de quienes luchan contra la atracción hacia personas del mismo sexo revela que esa atracción y sentido de interés sexual puede llegar muy pronto. De hecho, puede llegar tan pronto que muchas personas no pueden precisar lo temprano que apareció tal interés.

Los cristianos no debemos rehuir esta pregunta. La teología bíblica nos recuerda que las consecuencias de la caída son tan amplias que cabe esperar que el pecado afecte a todo, desde nuestro egocentrismo hasta la estructura molecular. Si alguna vez se descubre una causa biológica o un vínculo genético que explique la atracción entre personas del mismo sexo, los cristianos deberíamos ser de los menos sorprendidos. Tal hallazgo ciertamente influiría en nuestra visión pastoral y en nuestro modo de tratar a las personas del mismo sexo, porque reconocemos que el pecado afecta incluso a nuestra biología. Tal descubrimiento revelaría lo que probablemente será una lucha de por vida en cuanto a interés sexual e identidad personal, incluso para alguien que conoce a Cristo como Salvador y procura vivir en santidad ante él.

Dicho esto, un análisis de los datos actuales no revela que exista evidencia científica de un gen «gay».[3] Además, la mayoría de los genetistas cree que no es probable que algo tan complicado como la orientación sexual se pueda rastrear en un solo gen. Es sencillamente una comprensión demasiado simplista de la genética humana.

Los cristianos debemos recordar que vivimos en una cultura en la que por instinto la gente atribuye autoridad a los informes que pregonan un descubrimiento científico. Esto lleva con frecuencia a un cambio en el juicio moral, incluso cuando ese informe no recibe la aprobación de otros científicos o después es retirado.

Los cristianos no deberíamos sorprendernos si llega el día en que las evidencias predominantes sugieren algún patrón biológico de causalidad. El descubrimiento de un «gen gay» no obligaría a la iglesia a abandonar su posición sobre el carácter pecaminoso de la homosexualidad, no anularía la enseñanza clara de las Escrituras ni validaría la atracción hacia personas del mismo sexo. Como personas influenciadas por las Escrituras, los cristianos debemos recordar siempre que el mundo natural que experimentamos ahora es un mundo natural manchado por el pecado humano y que está bajo el juicio de Dios. Por eso dependemos de las Escrituras para entender el modelo de Dios para el desarrollo humano, y confiamos en lo que ellas dicen sobre la moralidad de los actos homosexuales y no en lo que dice una revista científica.

Pregunta 7. Cada vez más evangélicos están aceptando las uniones entre personas del mismo sexo. ¿No es este un tema en el que podemos estar de acuerdo en que no estamos de acuerdo? Si no, ¿por qué no?

Podemos «estar de acuerdo en que no estamos de acuerdo» en el sentido de que es probable que se trate de una cuestión de desacuerdo permanente. Sin embargo, si estamos comprometidos con las Escrituras, el desarrollo humano, el evangelio y el amor al prójimo, entonces un asunto de esta magnitud nos obliga a implorar y tratar de persuadir a los que se enfrentarán a la ira eterna de Dios si no abandonan su pecado por medio de Jesús. Nuestra mayor responsabilidad es guiar a los pecadores a la cruz de Cristo y a la promesa de salvación para todos los que creen.

Las personas con sentido común de ambos lados de la cuestión rechazan la sugerencia de que puede haber una tercera vía o de que se puede llegar a algún tipo de terreno neutral. Hay muchos temas —entre ellos, el matrimonio entre personas del mismo sexo y la homosexualidad— que requieren una respuesta de sí o no. Cada una de las iglesias debe aceptar o rechazar la legitimidad del matrimonio homosexual. Cada congregación, institución cristiana y organización religiosa tendrá que tomar una decisión sobre el tema de la homosexualidad. No me parece íntegro resignarse a «estar de acuerdo en que no estamos de acuerdo» en un asunto en el que está en juego el evangelio y la autoridad de las Escrituras y, en última instancia, la condición eterna de los seres humanos.

Pregunta 8. Si la iglesia no puede llegar a un consenso sobre este asunto, ¿no significa eso que la Biblia no es clara?

Para responder a esta pregunta, tenemos que remontarnos hasta la Reforma. Una de las grandes afirmaciones sobre la Escritura que hicieron los reformadores es la que se conoce como perspicuidad de la Escritura, que es otra manera de referirse a su claridad. La Escritura habla siempre de tal manera que aclara las cosas, no las oculta.

En un mundo pecaminoso, la realidad es que nuestro entendimiento es a menudo confuso, incluso donde las Escrituras son claras. Los reformadores señalaron la claridad de las Escrituras para afirmar que cualquier cristiano que abre la Biblia escucha la palabra de Dios y se encuentra ante la decisión de obedecer o desobedecer. Eso era así cuando la iglesia recibió el Nuevo Testamento y cuando los reformadores afirmaron este principio, y lo sigue siendo ahora. Si las personas que afirman la veracidad de las Escrituras no pueden llegar a un consenso sobre este asunto, el problema no está en las Escrituras, sino en no entenderlas ni obedecerlas correctamente.

Pregunta 9. Puesto que la revolución sexual utiliza la retórica del movimiento de los derechos civiles, ¿debemos diferenciar entre identidad racial e identidad sexual?

En respuesta a esta pregunta, los cristianos debemos dedicarnos con gran atención a la tarea de la teología bíblica. La diversidad de razas y etnias forma parte del plan de Dios (véase, por ejemplo, la tabla de naciones de Gn 10). La Biblia también indica que Dios se complace en que sus criaturas humanas estén organizadas por familias, clanes, idiomas y naciones. Además, Apocalipsis 5 indica que esta complacencia es eterna para Dios. Los que están reunidos alrededor del trono del Cordero son hombres y mujeres de todas las lenguas, tribus y naciones que han sido rescatados por Cristo. Así, la Escritura celebra las diferencias raciales. La Biblia celebra estas distinciones como parte de la gloriosa diversidad de Dios en la creación.

La Biblia, sin embargo, expresa sin duda solo un patrón legítimo de la sexualidad humana. Solo existe un marco en el que disfrutar y celebrar los actos conyugales: el matrimonio monógamo y fiel entre un hombre y una mujer. La Biblia declara sistemáticamente que todo lo que está fuera de este marco es pecado. Los cristianos, por lo tanto, debemos pensar con atención en este asunto. Aunque aceptamos que ciertas personas tienen una orientación sexual diferente, no aceptamos la orientación sexual como sinónimo de raza u origen étnico. Reconocemos el racismo como pecado porque niega y subvierte nuestra ascendencia común de Adán y Eva y nuestro origen común en la voluntad del Creador. No celebramos la diversidad de «orientaciones» sexuales porque la Biblia no lo permite.

En el campo del derecho, esta cuestión se enmarca a menudo en términos de características «mutables» e «inmutables». Para los cristianos, sin embargo, estos términos no son suficientes. No se trata tan solo de analizar lo que es «mutable» e «inmutable» en el carácter de una persona. Antes bien, como cristianos, debemos regresar al fundamento teológico que nos proporciona la doctrina de la creación. Debemos hacernos una pregunta: ¿esto era parte del plan y propósito original de Dios para sus criaturas humanas?

Pregunta 10. ¿Cuál es la definición teológicamente correcta de orientación sexual? ¿Afecta la orientación sexual a la identidad sexual de una persona?

Los cristianos deben ser lo suficientemente honestos como para reconocer que la concepción secular moderna de la orientación sexual tiene ideas legítimas que podemos asimilar de forma coherente con la teología evangélica, la Escritura y la tradición cristiana. Los cristianos en general, y los evangélicos en particular, debemos admitir que con frecuencia hemos tenido una noción muy superficial de la sexualidad. Durante siglos asumimos que las personas simplemente elegían su patrón de interés sexual. El concepto secular moderno de orientación sexual sugiere que cada ser humano que ha alcanzado la edad de madurez sexual se caracteriza por un patrón específico de interés sexual que incluye la excitación sexual, la fantasía sexual, la expectativa sexual y la esperanza de una realización sexual específica.

Desde el punto de vista de la teología bíblica y el consejo pastoral ortodoxo, el concepto moderno de orientación sexual nos ayuda a ver la intensidad del lugar que ocupan en nuestras vidas las cuestiones del interés sexual, la excitación sexual y la realización sexual. Si estos asuntos están tan arraigados en nuestras vidas, debemos reconocer que es de una superficialidad pecaminosa y nociva decirles a los que tienen problemas con la orientación homosexual que simplemente dejen de sentirse atraídos por alguien del mismo sexo. Sin embargo, esto no significa que se nos permita resignarnos a cualquier orientación sexual y patrón de excitación que descubramos en nosotros. Más bien, como hijos de Dios, debemos someternos a él en todos los aspectos, incluidas nuestra identidad y orientación sexual. Este sometimiento es un acto de obediencia que conduce al desarrollo humano.

La orientación sexual se convirtió primero en una cuestión pública porque los que presionaban para la normalización de la homosexualidad argumentaban que la orientación sexual simplemente había que aceptarla tal cual como algo normal y natural. Sin embargo, no es así. Si bien debemos entender las percepciones legítimas que ofrece el concepto de orientación sexual, también debemos recordar que una orientación sexual desordenada revela la naturaleza propia del pecado. Es importante notar que la orientación sexual a menudo refleja nuestra orientación pecaminosa. Unos son más tentados a la deshonestidad; otros, por las tentaciones del orgullo; otros, por las tentaciones de la codicia; y otros, por las de la lujuria. La realidad de una orientación pecaminosa no reduce ni anula la naturaleza torcida de esa orientación, en lo más mínimo.

Pregunta 11. ¿Es pecado experimentar atracción hacia el mismo sexo? ¿Los cristianos que sienten atracción por el mismo sexo tienen que arrepentirse de su orientación, o solo de la lujuria y los actos homosexuales?

En primer lugar, no es una cuestión que se limite a asuntos de sexualidad en general, ni de actos sexuales y orientación sexual en particular. Está en relación con la cuestión teológica más amplia de la tentación y la conducta. Todo niño que llega a la madurez reconoce la distinción entre la tentación y el acto. Todo sistema de derecho penal entiende también la diferencia entre la tentación y el acto. La ley, en lugar de encarcelar a las personas por cada tentación criminal, distingue entre la tentación de un acto criminal y la comisión de un acto criminal. Todos los padres entienden esa misma distinción cuando crían a sus hijos y cuando se miran en el espejo. Por lo tanto, los cristianos debemos distinguir entre la tentación y la comisión del pecado.

Sin embargo, hay algo pecaminoso en ser tentado a robar un banco. Obviamente, es menos pecaminoso que robar un banco. Y su consecuencia y efectos son sin duda muy diferentes. Tendríamos razón si dijéramos: «Aunque tengas la tentación, no cometas el acto», pero estaríamos equivocados si dijéramos: «La tentación no es algo que tenga consecuencias pecaminosas».

Tendemos a asumir que una tentación involuntaria es algo de lo que no somos responsables. Pero nadie se conoce a sí mismo lo suficiente como para comprender plenamente de dónde vienen las tentaciones o hasta qué punto se ha entregado a ese interés. Los cristianos, por lo tanto, debemos orar para no ser tentados, tal como Jesús instruyó a sus discípulos en el Padrenuestro.

Por último, llegamos al asunto de la definición de la orientación sexual. La orientación sexual es un patrón de tentación. De nuevo, debemos enfatizar que este no es el único patrón de pecado sexual. Los pecadores heterosexuales son tentados a codiciar a alguien del sexo opuesto. Las personas casadas están tentadas a codiciar a alguien que no es su cónyuge. Una persona con un patrón de atracción hacia el mismo sexo es tentada de manera similar. Sin embargo, la orientación hacia el mismo sexo no puede canalizarse hacia una salida sexual legítima, mientras que la orientación heterosexual puede canalizarse hacia la institución fiel y monógama del matrimonio. Por esta razón, la orientación homosexual constituye una lucha mayor.

¿Debe un cristiano que lucha con la atracción hacia el mismo sexo arrepentirse del mero sentimiento de atracción, aunque no actúe según ese sentimiento o lujuria de su corazón? Como la atracción homosexual es una atracción desordenada, es necesario que haya cierto grado de arrepentimiento. Consideremos este escenario análogo. Imaginemos que un adolescente que se ha hecho cristiano recibe la tarea de leer un libro en particular en la escuela. Él no es responsable de elegir el libro; después de todo, el maestro se lo encargó. En el libro se presenta algo de naturaleza sexual, y se siente excitado y atraído. Sin embargo, no se entrega a la lujuria. Simplemente deja atrás ese pasaje explícito. Más tarde, dicho pasaje regresa a su mente. Una vez más, rechaza la tentación de la lujuria. Sin embargo, es casi seguro que se sentirá culpable por dejar que los pensamientos resurjan. Cada vez que estos pensamientos vienen a su mente, el chico está tomando una decisión moral, incluso cuando evita los pensamientos lujuriosos con arrepentimiento y por gracia.

La mayoría de los cristianos reconocemos cosas pecaminosas involuntarias y no premeditadas que entran regularmente en nuestra mente. Sin embargo, estos pensamientos llegan, y por lo tanto producen cierta responsabilidad moral, a pesar de que procuramos sacarlos de nuestras fantasías e imaginaciones. Esta experiencia común entre todos los cristianos —de hecho, entre toda la humanidad— revela que el pecado está más profundamente arraigado en nuestros corazones de lo que conocemos. Esta es una de las razones por las que el arrepentimiento marca la vida cristiana de manera regular.

Las personas que luchan con la atracción homosexual deben entender que están en la misma posición que cualquier otro pecador. Todos necesitamos vivir vidas de arrepentimiento constante, reconociendo que toda la vida cristiana es una vida de tentación constante al pecado y al mismo tiempo un llamado a obedecer a Cristo. Esto, por supuesto, no resta importancia a los desafíos especialmente difíciles a los que se enfrentan quienes batallan con la atracción homosexual. Pero estos hombres y mujeres no deben ser apartados del resto del cuerpo de Cristo en una categoría diferente de pecado y santificación. Por este motivo, los cristianos debemos ser sinceros unos con otros y no dar por sentado que solo unas pocas personas de la congregación tienen luchas con el pecado. Todos los miembros de la congregación luchamos con el pecado.

Pregunta 12. ¿Debe un cristiano asistir a una boda homosexual?

La respuesta simple es no, pero, por supuesto, hay una serie de cuestiones complejas que debemos tomar en cuenta aquí. Todos podemos entender cuán dolorosamente difícil será para los cristianos no asistir ni participar en una boda homosexual de un familiar o amigo. Es tentador pensar que nuestra presencia en la ceremonia puede interpretarse como un mero acto de solidaridad con las dos personas involucradas, sin dar la aprobación moral a su unión. Pero nadie asiste a una boda con su juicio moral en suspenso. Y ese es precisamente el problema.

Asistir a una ceremonia nupcial siempre es una señal de aprobación moral. Por eso el *Libro de oración común* (que nos ha dado el lenguaje ceremonial tradicional conocido por millones de personas durante siglos) contiene la pregunta de si alguien conoce alguna causa que impida el matrimonio: «Que hable ahora o calle para siempre». Estas palabras revelan la función histórica de la ceremonia nupcial como una reunión de celebrantes que se congregan para otorgar aprobación moral a la unión de dos personas en matrimonio. Asistir a una ceremonia de matrimonio entre personas del mismo sexo significa otorgar un juicio moral positivo y público a la unión. En algún momento, esa asistencia implicará felicitar a la pareja por su unión. No hay manera de reclamar neutralidad moral cuando se felicita a una pareja por su boda. Si no puedes felicitar a la pareja, ¿cómo vas a asistir?

Algunos cristianos pueden señalar el ejemplo de Jesús, que solía comer con los pecadores, como justificación para asistir a una ceremonia homosexual. Aunque Jesús claramente se abría a compartir la mesa con aquellos que eran conocidos públicamente como pecadores, siempre estaba llamando al arrepentimiento. En los Evangelios, Jesús nunca permitió que su presencia respaldara el pecado. Además, comer con alguien no es una celebración de ningún pecado en particular. Cuando Jesús se presentaba en las bodas, como en las de Caná de Galilea, su presencia tenía la intención de mostrar aprobación moral. Asistir hoy a una boda entre personas del mismo sexo enviaría una señal muy diferente de la que Jesús estableció en los Evangelios.

Pregunta 13. ¿Debemos usar el término «gay»?

Esta pregunta debe responderse de diferentes maneras dependiendo del momento, el contexto y los individuos. El movimiento contemporáneo de normalización de la homosexualidad ha cambiado deliberadamente descripciones como «sodomía» por «homosexual» y luego por «gay». Además, los activistas ahora adoptan palabras que en un principio se usaban como calificativos hirientes (p. ej., *queer*) para identificar su propia causa. Incluso entre los que abogan por la normalización de la homosexualidad y la legalización del matrimonio entre personas del mismo sexo, no hay unanimidad sobre el lenguaje correcto. De ahí la aparentemente interminable serie de siglas: LGTBI, LGTBQQ2IA, QUILTBAG, etcétera.

Durante mucho tiempo, los que trataban de normalizar los actos y las relaciones entre personas del mismo sexo apoyaron el término gay. Más recientemente, se ha hecho un esfuerzo para pasar de gay a una multitud de otras palabras posibles. Los cristianos que hablan de estos temas deben usar un lenguaje que sea el más claro y el menos ofensivo. Al mismo tiempo, cuando usamos la palabra «gay», perdemos algo. Esto es así con cualquier palabra que procure evitar la claridad moral. A diferencia de otras palabras, «homosexualidad» tiene la ventaja de hablar con aguda particularidad sobre el asunto en cuestión.

Pregunta 14. ¿Puede una persona con atracción hacia el mismo sexo cambiar su orientación? Si es así, ¿cómo?

Por un lado, debemos responder a esta pregunta con una convicción afirmativa. Sí, una persona con atracción hacia el mismo sexo puede cambiar. Los cristianos debemos proclamar que los pecadores rebeldes, ya sean heterosexuales u homosexuales, pueden ser redimidos por Cristo y conformados a su imagen por el Espíritu Santo. Podemos afirmar esto sin vacilar gracias a las promesas de Dios en las Escrituras y al poder transformador del Evangelio.

Al mismo tiempo, el proceso de santificación y el cambio radical de pecador sexual a una vida de pureza y santidad nunca es sencillo. La redención de una persona con atracción hacia el mismo sexo no produce al instante una orientación heterosexual. El Nuevo Testamento muestra la dificultad de escapar de los patrones de tentación y pecado. En Romanos 7, Pablo demuestra la tensión que experimentan los cristianos entre la nueva vida en Cristo y el pecado que mora en ellos. Sencillamente, no hay una manera fácil de escapar de los efectos persistentes de nuestro pecado, ni siquiera después de la conversión a Cristo. Debemos declarar con franqueza que es humanamente imposible revertir nuestra orientación sexual con fuerza de voluntad.

En vista de esto, todos los cristianos, sobre todo los tentados por el pecado sexual, deben apoyarse en la verdad de la justificación solo por la fe y en una santificación que el Espíritu Santo realiza progresivamente en nosotros a través del ministerio de la Palabra. Los cristianos debemos confiar en que nuestros cuerpos y orientaciones sexuales serán plenamente redimidos cuando Cristo regrese y consume su obra redentora.

Muchos cristianos que luchan con una atracción hacia el mismo sexo señalan que la lucha es para toda la vida. Algunos han dado testimonio de grandes logros, y otros, de un retroceso, aunque esto parece darse en una minoría de creyentes con esta lucha. Por desgracia, los cristianos hemos pecado a menudo contra aquellos que luchan con la orientación homosexual, al sugerir que sus patrones de atracción sexual se pueden modificar fácilmente. Pero los efectos del pecado son tan devastadores, penetrantes y arraigados que el cambio nunca es fácil.

Aunque los cristianos debemos estar agradecidos de que Romanos 7 revela la naturaleza del pecado que mora en el creyente, también debemos mantener una esperanza real con respecto al potencial de crecimiento en la piedad. El mismo Pablo que exclamaba desesperado: «¡Miserable de mí! ¿Quién me librará de este cuerpo de muerte?», gritó también: «Gracias doy a Dios, por Jesucristo Señor nuestro» (Ro 7.24–25). Aun en este cuerpo de muerte, estamos siendo liberados del poder del pecado.

En última instancia, una persona con orientación homosexual puede cambiar. La conducta será la primera área a cambiar. Cuando venimos a Cristo, nuestra primera responsabilidad es adaptar nuestro comportamiento, incluyendo nuestros actos sexuales, a la clara revelación dc Dios en las Escrituras. Entonces, al perseverar en los medios de la gracia, el Espíritu Santo puede llevar cada vez más nuestra orientación sexual a la obediencia a la Palabra de Dios. No podemos prometer que esto se complete en esta vida, pero podemos confiar plenamente en que el que comenzó la buena obra en nosotros la perfeccionará al final (Fil 1.6).

Pregunta 15. ¿Debe un pastor promover la terapia reparadora? Si un creyente está luchando con la atracción homosexual, ¿debe seguir una terapia reparadora?

Las pruebas más convincentes parecen demostrar que la terapia reparadora funciona para algunos, pero no para todos. Por desgracia, es muy difícil predecir cuándo este tipo de terapia puede o no ser útil. Las pruebas sugieren que la terapia reparadora es más útil para quienes expresan un deseo profundo de que la terapia funcione y para aquellos cuyos comportamientos homosexuales fueron, según ellos mismos admiten, más episódicos que los de quienes adoptaron por completo una orientación homosexual. Sin embargo, es probable que forzar a alguien a una terapia reparadora haga más daño que bien.

Los cristianos nunca debemos esperar la salvación a partir de la terapia reparadora, ni tampoco debemos ofrecer la promesa de la santificación a través de una mera terapia. La salvación solo viene con el evangelio de Cristo y la santificación solo se da con el ministerio del Espíritu Santo a través de la Palabra. Sin embargo, podemos utilizar medios que nos ayuden a crecer en la gracia. Debemos asegurarnos de que nunca ponemos nuestra esperanza y confianza en una promesa terapéutica. La terapia nunca nos salvará. Solo Cristo puede hacerlo.

Pregunta 16. ¿Deben los padres cristianos permitir que sus hijos jueguen en las casas de niños cuyos padres son una pareja homosexual?

En este asunto, los cristianos tendemos a oscilar entre dos extremos problemáticos. Por un lado, a menudo creemos que la amistad con alguien nos obliga a negar la pecaminosidad de su pecado. Por otro lado, los cristianos con frecuencia creemos erróneamente que la fidelidad bíblica nos exige apartarnos de cualquiera que esté involucrado en un pecado público continuo. Ninguna de estas opciones es fiel al evangelio.

Puesto que un simple sí o no no nos servirá en esta situación, propongo que recordemos las siguientes verdades y dejemos que den forma a nuestra visión del mundo y a nuestras decisiones éticas sobre estos asuntos. Primero, yo animaría a los cristianos a no separarnos de nuestros vecinos tan radicalmente que prohibamos a nuestros hijos jugar con los suyos. En lugar de eso, debemos hacer todo lo posible para desarrollar amistades reales y auténticas con nuestros vecinos LGTB.

Pablo nos dice que no nos juntemos con gente sexualmente inmoral (1 Co 5.9). Sigue estas palabras con: «no absolutamente con los fornicarios de este mundo [...] pues en tal caso os sería necesario salir del mundo» (v. 10). El contexto de las palabras de Pablo nos muestra que nos dice que evitemos a las personas sexualmente inmorales dentro de la iglesia, es decir, a los que dicen ser hermanos cristianos (v. 11). Las palabras de Pablo brindan un modelo teológico crucial para una vida fiel. Los cristianos estamos en el mundo para predicar el evangelio y trabajar por el bien de nuestros vecinos para que puedan vivir vidas más plenas y seguir a Jesucristo. Eso solo puede suceder si desarrollamos amistades genuinas con ellos.

El verdadero peligro no es que permitamos que nuestros hijos jueguen en los hogares de parejas homosexuales. El verdadero peligro es que los padres cristianos no enseñen a sus hijos una amplia concepción bíblica del evangelio, el pecado, la autoridad bíblica y la sexualidad. Los padres cristianos que no discipulan a sus hijos antes de enviarlos al hogar de una pareja homosexual (o a cualquier otra parte del mundo en este caso) están exponiendo a sus hijos a una confusión teológica y a un gran daño.

Pregunta 17. Si el creyente afirma la inerrancia y autoridad de las Escrituras, ¿la afirmación de la legitimidad moral de la homosexualidad es motivo de disciplina en la iglesia? ¿No se trata tan solo de una objeción interpretativa?

No es lo mismo una afirmación de la inerrancia de la Escritura que un compromiso total con la inerrancia de la Escritura. Muchas personas declaran la inerrancia de la Escritura, pero se acercan a esta de una manera incoherente con la convicción de que la Biblia es veraz y digna de confianza en todo lo que revela. Afirmar la inerrancia bíblica es necesario, pero no garantiza un manejo adecuado del texto bíblico.

Pablo le dijo a Timoteo: «Procura con diligencia presentarte a Dios aprobado, como obrero que no tiene de qué avergonzarse, que usa bien la palabra de verdad» (2 Ti 2.15). La tarea de interpretar la Escritura es ciertamente compleja, pero su naturaleza nos proporciona un marco básico para el proceso interpretativo: leer la Escritura como palabras de Dios; interpretarla por medio de otros pasajes bíblicos; afirmar y presuponer la unidad teológica de la Escritura; y acercarnos a ella con fe y deseo de entender. La única manera de neutralizar y subvertir las claras enseñanzas de la Escritura —tan claras que hasta los más honestos defensores de la revolución sexual admiten su consistente juicio negativo— es tratándola como algo que no es inerrante. Por desgracia, muchos de los que sostienen la inerrancia de la Escritura la tratan como si no tuviera esa característica.

Además, debemos recordar siempre que la comunidad que interpreta la Escritura no es el individuo, sino la iglesia creyente. Esto no significa que debamos adoptar la idea católica romana de un magisterio autoritativo en la iglesia. Tampoco implica un sacerdocio ungido. En su lugar, el Nuevo Testamento señala a la congregación creyente como la comunidad interpretativa de las Escrituras. Sencillamente, no basta con afirmar la inerrancia de las Escrituras de manera proposicional. Uno también debe estar con los creyentes fieles de hoy y de todas las épocas en su lectura y obediencia a la Palabra de Dios.

Pregunta 18. Los antiguos credos y confesiones no tratan el matrimonio como una cuestión de ortodoxia cristiana. ¿Acaso no es inconsistente con la historia de la iglesia exigir la adhesión al matrimonio tradicional?

Nuestra afirmación de que una concepción tradicional del matrimonio es esencial para la ortodoxia cristiana solo es inconsistente con la historia de la iglesia en el sentido de que nunca se ha cuestionado la idea tradicional del matrimonio como hoy. La historia da testimonio de que, en la afirmación formal, la herejía precede a la ortodoxia. Todos los credos antiguos se escribieron en respuesta a enseñanzas heréticas. En otras palabras, las controversias teológicas obligaron a la iglesia a expresar claramente sus convicciones sobre cuestiones apremiantes.

Por lo tanto, el hecho de que ninguno de los antiguos credos o confesiones tratara el tema del matrimonio demuestra que nunca fue necesario abordarlo porque nunca fue un asunto de controversia. Los credos son documentos contextuales, respuestas teológicas a enseñanzas subortodoxas ubicadas en un tiempo y contexto específicos. Los errores no se corrigen hasta que se producen.

El hecho de que nadie haya cuestionado la interpretación bíblica y tradicional del matrimonio como la unión de pacto entre un hombre y una mujer explica por qué la iglesia nunca abordó la cuestión del matrimonio en un formato de credo o de confesión de fe. La iglesia no convocaba concilios para tratar problemas inexistentes.

Pregunta 19. Si soy un cristiano que experimenta atracción hacia el mismo sexo, ¿debo orar para no tener sentimientos homosexuales?

Cada cristiano debe orar exactamente como el Señor nos enseñó a orar en el Padrenuestro: «Venga tu reino. Hágase tu voluntad, como en el cielo, así también en la tierra» (Mt 6.10). Este tipo de oración no solo anhela que los sistemas mundiales se ajusten al reino de Cristo, también desea que nuestras vidas se ajusten a la voluntad de Dios. Refleja el deseo de ser más fieles a Cristo y más conformes a su imagen. Sin duda, esto incluye nuestra orientación sexual.

Debemos orar también: «Y no nos dejes caer en tentación, sino líbranos del maligno» (v. 13, NVI). Pedirle a Dios que nos aleje de las cosas que nos tientan debe formar parte de nuestra oración. Debemos pedirle a Dios que cambie la tentación por santidad. Los heterosexuales también somos tentados sexualmente. «No nos dejes caer en tentación» es una oración tanto para el cristiano heterosexual como para el cristiano que lucha contra la atracción hacia personas del mismo sexo o contra cualquier otra forma de deseo sexual.

Pregunta 20. Si soy un cristiano que experimenta atracción hacia personas del mismo sexo, ¿me volveré más heterosexual a medida que madure en mi caminar con Cristo?

Algunos cristianos que se encuentren en esta situación descubrirán una mayor comprensión personal de la orientación heterosexual. Conozco parejas que se han unido como marido y mujer después de que una o ambas partes lucharan con la atracción homosexual, y que encontraron gran satisfacción y alegría en el don del matrimonio heterosexual y de los hijos. Pero esta no debe ser la expectativa de todos.

Muchos otros creyentes se esfuerzan por ser fieles a Cristo y obedecer la Palabra, pero no experimentan ningún patrón heterosexual de excitación sexual. A los cristianos que experimentan atracción hacia el mismo sexo les llegará la santificación progresiva a través del Espíritu Santo, pero eso no significa que se volverán más heterosexuales conforme crezcan en la piedad. La santificación nos lleva a la santidad y a salir del pecado. Por eso la santificación puede llevar a un individuo con atracción homosexual al celibato santo en lugar de a la heterosexualidad.

Pregunta 21. ¿Qué debe hacer alguien que tiene un patrón permanente, sin cambios aparentes, de atracción hacia personas del mismo sexo y quiere obedecer a Cristo?

Ese cristiano debe, por la autoridad de las Escrituras y en obediencia al evangelio, someter a Cristo todo lo que es. Para alguien que tiene un patrón permanente, que parece no cambiar y quizás no cambia (en esta vida), de atracción homosexual, su llamado a la santidad sería, en la mayoría de los casos, un llamado al celibato. En todos los casos, sería un llamado a evitar el pecado sexual y cualquier celebración de una orientación sexual que no obedece a Dios y a su Palabra. Es posible que no haya escapatoria de la atracción hacia personas del mismo sexo. Así, el requisito para la fidelidad y la obediencia parecería ser el celibato, honrado por Cristo mismo y contemplado por el apóstol Pablo.

La iglesia cristiana ha fallado al no reconocer el don del celibato. No ha logrado mostrar cómo el don del celibato refleja obediencia a Cristo y la gloria de Dios. La iglesia cristiana tampoco ha sabido honrar a aquellos que se entregan a una vida célibe por causa del evangelio, un estilo de vida que Pablo elogió por sus ventajas (1 Co 7.25–40). El celibato le permite a la persona hacer cosas por el reino de Cristo que los casados sencillamente no pueden hacer.

Los cristianos deben aceptar la renuncia al sexo por causa de Cristo. Todos los cristianos son llamados a esa renuncia al menos durante algún tiempo. Para los creyentes heterosexuales, significa abstinencia sexual voluntaria hasta el matrimonio y rechazo del sexo fuera de él. Para los que tienen una orientación homosexual, esto significa renuncia sexual de por vida. Jesús mismo honró a los que se hicieron «eunucos [...] por causa del reino de los cielos» (Mt 19.12).

Para aquellos para quienes el matrimonio no valdría como remedio al pecado, el celibato es la única otra opción, y la iglesia debe honrarlo como honra el matrimonio. En muchos casos es un sacrificio muy grande. Debemos tomar en serio a Jesús cuando habla de honrar a los que se hacen eunucos por causa del reino. Ese impactante lenguaje muestra que hay quienes, en obediencia a Cristo, están dispuestos a abandonar su plenitud carnal en el sexo, la intimidad matrimonial y la alegría de tener hijos. Si hacen esto por Cristo y por el servicio del evangelio, deben recibir honor por su sacrificio. Jesús no duda en honrar a tales personas. Tampoco deberíamos dudar nosotros.

Pregunta 22. Si una persona transgénero es salvada, ¿debe la iglesia exigirle que se someta a una operación reparadora de cambio de sexo para quedarse con la anatomía de su género original?

Con el tiempo, todas las iglesias de Estados Unidos y Europa occidental se enfrentarán a una pregunta como esta. Lo primero que debemos recordar es que el evangelio es para todos, sea cual sea su identidad de género. El evangelio es para el transgénero y el transexual tanto como para el que se identifica con su género de nacimiento.

El evangelio promete plenitud en Cristo y nos llama a la santidad. Así, en respuesta al evangelio, todos los verdaderos cristianos buscamos vivir en obediencia al Dios que nos creó hombre o mujer. La obediencia a Cristo significa que procuramos por todos los medios avanzar de manera progresiva hacia la adopción de nuestro género de nacimiento en lugar de permanecer en la rebelión o la confusión.

Esto no quiere decir que el progreso de santificación sea fácil o instantáneo. Como dijo Eugene Peterson, la vida cristiana es «una obediencia larga en la misma dirección».[4] Dicho de otro modo, la obediencia puede ser una progresión lenta.

¿Y si el individuo se hubiera sometido a procedimientos médicos y operaciones de cambio de sexo antes de venir a Cristo? ¿Sería exigible o aconsejable, desde el punto de vista pastoral, la cirugía para obedecer a Cristo? Esta situación necesita del consejo amoroso de una iglesia local para ayudar a este cristiano en particular a entender lo que implicaría una «larga obediencia» en esta situación. Los pastores y las congregaciones deben considerar la edad, el contexto, e incluso los factores físicos y fisiológicos al determinar el curso de acción. Pero, incluso sin cirugía, los cristianos en esta situación deben identificarse en público y en privado según su sexo de nacimiento. La cirugía es una cuestión secundaria que debe tratarse con sabiduría pastoral y buenos consejos médicos.

Pregunta 23. ¿Qué relación existe entre el cuerpo y el género? ¿La anatomía determina el género?

Investigaciones modernas sobre el cerebro sugieren que entre el cerebro de los hombres y el de las mujeres existen algunas diferencias cruciales. Pero la identidad biológica esencial de género la establecen las realidades fisiológicas que son, en la inmensa mayoría de los seres humanos, inmediatamente identificables al nacer. Cuando nace un bebé, se identifica físicamente y se declara niño o niña, esto es una confirmación del propósito que Dios tiene para toda la vida de ese individuo. La Biblia nos dice que el cuerpo nos revela nuestra identidad en ese aspecto y en otros.

En una proporción ínfima, solo uno de cada mil quinientos partos, el género de nacimiento es indeterminado. En la actualidad, a estas personas se las conoce con más frecuencia como intersexuales. Esta anomalía congénita —que es identificada por la ciencia médica como anomalía— exige que los padres primero y el individuo después tomen algunas decisiones esenciales. Estas elecciones no son asuntos de obediencia o desobediencia, sino de sabiduría y misericordia. En tales casos, siempre debemos esforzarnos por el bien del individuo. Este problema no es como rechazar el sexo biológico definido. Se trata de cuestiones diferentes y precisan un patrón de respuesta diferente.[5]

Pregunta 24. ¿No hay leyes que den a los cristianos el derecho de negar bienes y servicios a una pareja homosexual para su boda, como las leyes de Jim Crow?

Los partidarios del matrimonio entre personas del mismo sexo quieren que creamos que la orientación sexual es, desde el punto de vista moral, equivalente a la raza. Esta es la lógica que han defendido, y con éxito. Consideran que la discriminación por motivos de orientación sexual equivale a la discriminación por motivos de raza u origen étnico. De ser así, los cristianos deberíamos condenar como pecado la negativa a proveer flores para una boda homosexual, de la misma manera que condenaríamos como pecado la negativa a suministrar flores para una boda interracial.

Pero la orientación sexual no es lo mismo que la raza. La realidad es que en muchos negocios se está coaccionando a las personas para que aprueben el estatus moral de las relaciones homosexuales porque los están obligando a participar. La mayoría de estos negocios no discriminarían a las parejas del mismo sexo o a los individuos en general, salvo cuando la participación los obligara a hacer una declaración moral que violara sus compromisos cristianos. Negarse a hornear un pastel con un mensaje de celebración de un matrimonio entre personas del mismo sexo sencillamente no es lo mismo que negarse a sentar a una pareja del mismo sexo para la cena. Este es un acto de despreciable discriminación. El otro es un acto coherente con las convicciones religiosas sobre la naturaleza del matrimonio y la moral sexual.

Pregunta 25. Los homosexuales afirman que el matrimonio los hace más felices y no hace daño a nadie, así que, ¿cómo puede estar mal?

Una de las ideas más peligrosas en la moralidad actual es la sugerencia de que solo debemos limitar el comportamiento humano sobre la base de un daño identificable. Reducir la moralidad a la evitación del daño es peligroso porque tiende a reducir el daño a aquello que es identificable de inmediato en la experiencia de un individuo o en la sociedad en general.

Legalizar el matrimonio entre personas del mismo sexo no significa que la pareja heterosexual de al lado experimentará un daño inmediato. Pero sí significa que el matrimonio como institución se ve perjudicado, lo que debilita la cohesión social y la salud de la sociedad en su conjunto. El problema con los argumentos relacionados con la moralidad del daño es que gran parte de las causas de los daños más devastadores y duraderos no son evidentes a primera vista. En muchos aspectos, la ley reconoce esa realidad al establecer patrones de conducta correcta. La violación de estos patrones no causaría un daño inmediato a un individuo específico, pero su ausencia debilitaría a toda la sociedad.

Pregunta 26. ¿Debe el gobierno legislar la moralidad?

Todos los gobiernos legislan la moralidad porque todas las leyes tienen un propósito moral identificable. Incluso las leyes administrativas y las ordenanzas de tránsito tienen un propósito moral para garantizar la seguridad pública, promover el orden y prevenir accidentes. Sin embargo, las cuestiones más polémicas y cruciales de la ley están tan impregnadas de moralidad que es absurdo sugerir que el gobierno no debería legislar sobre moralidad. Las leyes que prohíben el robo, el asesinato, el asalto, la violación y el secuestro formulan un fuerte juicio moral basado en un claro consenso moral. Estas leyes legislan la moralidad.

Cuando alguien argumenta que el gobierno no debería legislar sobre la moral, el problema está casi siempre en la limitación de una conducta personal específica, sobre todo la conducta sexual. Sin embargo, la ley siempre legislará la moralidad, aun cuando se niegue a legislar sobre un tema específico. Eliminar o rechazar una legislación es siempre un acto político con implicaciones morales, del mismo modo que negarse a votar en una elección democrática es un acto político con implicaciones morales. En lo que se refiere a legislar la moral —ya se trate del sexo o de algún otro tema relacionado con el estilo de vida—, toda sociedad sana, estable y duradera regula amplias áreas de la moralidad. Incluso cuando no se convierten en materia legislativa, las cuestiones morales siguen siendo una cuestión de decisión cultural, de responsabilidad social y de consecuencias morales.

Pregunta 27. ¿Debería el gobierno desempeñar algún papel en la legislación sobre el matrimonio?

En cierto sentido, esta pregunta parece dar por sentado que las iglesias se han dedicado siempre al asunto del matrimonio y que el estado secular ha sido el último en llegar. Pero la historia de la humanidad y de prácticamente todas las sociedades humanas muestra que todos los gobiernos han tenido siempre interés en el matrimonio civil. Además, el matrimonio es prepolítico. El gobierno reconoce el matrimonio como la estructura molecular más esencial de la sociedad; por lo tanto, históricamente, todos los gobiernos han privilegiado y protegido el matrimonio como la unión entre un hombre y una mujer. Para preservar la sociedad y sus intereses, los gobiernos deben honrar el pacto matrimonial, promover la procreación y alentar a los padres a criar a sus hijos.

Cuando se establecieron las primeras colonias en Estados Unidos, el matrimonio se consideraba una institución civil. Algunos puritanos ni siquiera creían que la iglesia tuviera la responsabilidad ceremonial del matrimonio. Ahora parece inevitable que la iglesia fiel actúe según una definición del matrimonio más restrictiva que la de la cultura general. Sin embargo, el gobierno nunca puede desvincularse del asunto del matrimonio ni eludir la responsabilidad de definirlo, porque el gobierno, por su propia definición y naturaleza, debe determinar quién es responsable ante quién, a quién pertenecen los hijos, quién tiene el derecho de tomar decisiones en nombre de los demás y qué debe protegerse como áreas de interés íntimo para la propia sociedad.

Pregunta 28. ¿Debe la iglesia abstenerse de la gestión del matrimonio?

Sin duda, la iglesia puede abstenerse de la gestión del matrimonio si con ello nos referimos a oficiar las ceremonias de boda. La iglesia puede retirarse fácilmente del asunto de las bodas, pero no puede librarse de la responsabilidad en el matrimonio. La iglesia tiene el deber de defender y honrar el matrimonio porque Cristo mismo manifestó la importancia y centralidad del matrimonio para la sociedad humana. El Nuevo Testamento revela que la iglesia debe tomar decisiones relacionadas con la moralidad sexual, asignar la responsabilidad de la crianza de los hijos, trazar las distinciones dentro del hogar y definir los papeles del esposo y la esposa. Aunque puede que estos no sean intereses del Estado, son intereses ineludibles de la iglesia.

Pregunta 29. Si los cristianos presionamos al Estado para que reconozca nuestra visión del matrimonio, ¿no estamos imponiendo nuestros compromisos religiosos a la sociedad?

Este sería sin duda un argumento legítimo si la iglesia cristiana definiera por su cuenta el matrimonio como un pacto heterosexual y monógamo basado en la revelación de Dios en las Escrituras y luego le dijera a la sociedad secular que tiene que estar de acuerdo con nosotros. Pero eso es una ficción legal e histórica. Ese debate nunca ha tenido lugar.

A lo largo de milenios de historia humana, la propia sociedad secular ha definido el matrimonio como la unión entre un hombre y una mujer. A menudo lo ha hecho sin aludir en absoluto al cristianismo y, en la mayor parte del mundo, sin ninguna referencia a la Biblia. La concepción del matrimonio como unión de un hombre y una mujer no es ni exclusivamente cristiana ni exclusivamente bíblica. La obediencia a las Escrituras significa que los creyentes no pueden abandonar la definición del matrimonio que se encuentra en ellas, pero las sociedades civiles de todo el mundo no han operado de manera uniforme sobre la base de la convicción cristiana. Sin embargo, hasta hace poco, han establecido de manera uniforme el matrimonio como la unión entre un hombre y una mujer.

Pregunta 30. ¿Por qué debería preocuparnos a los cristianos si las parejas homosexuales se casan? Si son incrédulos, ¿por qué tenemos los cristianos que dictarles sus acciones? ¿No deberíamos preocuparnos por predicar el evangelio?

Esta pregunta se basa en la falsa premisa de que las Escrituras atribuyen la responsabilidad del matrimonio solo a los cristianos y no a la sociedad en general. La preocupación cristiana por el matrimonio está profundamente interesada en el riesgo moral que corren los incrédulos cuando marginan, rechazan, subvierten o dañan el matrimonio. Los cristianos creemos que este riesgo amenaza a las partes involucradas con consecuencias eternas.

Además, es bastante selectivo y arbitrario decir que, en lo que se refiere al matrimonio entre personas del mismo sexo, los cristianos no deberíamos pedir a los incrédulos que actúen como creyentes. ¿Por qué debería limitarse esa demanda al matrimonio entre personas del mismo sexo? ¿No debería aplicarse a otros aspectos del código penal? ¿No deberían los cristianos esperar que los no cristianos vivan según las mismas leyes civiles que ellos? ¿Deben los cristianos exigir a los no cristianos que no maten ni roben? La ley nos impone exigencias con un propósito. Las leyes existen porque Dios dio el don de la ley a la sociedad humana para nuestra protección y bienestar, que son tanto para el creyente como para el incrédulo.

UNA PALABRA PARA EL LECTOR

En lo que respecta a este Tribunal, no se engaña a nadie;
solo hay que estar atentos y esperar el remate inevitable.
—Juez Antonin Scalia
Voto particular en la sentencia Windsor,
26 de junio de 2013

¿Quiénes nos creemos que somos?
—Juez presidente John G. Roberts, Jr.
Voto particular en la sentencia Obergefell
26 de junio de 2015

El 26 de junio de 2015 llegó el remate. Dos años después de que el juez Antonin Scalia advirtiera que la legalización del matrimonio entre personas del mismo sexo sería inevitable, el Tribunal Supremo hizo lo que predijo en su sentencia del caso Obergefell contra Hodges. He escrito estas páginas justo después de esa sentencia, un añadido especial a este libro antes de su publicación. Sabíamos que la decisión estaba por llegar, pero resultó ser aún más radical de lo que habíamos temido.

Apenas unas semanas después de que se anunciara la revolución transgénero en la portada de la revista *Vanity Fair*, el Tribunal Supremo de Estados Unidos redefinió legalmente el matrimonio. Ninguno de los dos acontecimientos fue una sorpresa, pero ambos son una prueba del tsunami de la revolución moral que está dando forma a nuestra cultura ante nuestros ojos.

El argumento de la mayoría, expresado por el juez Kennedy, es que el derecho de las parejas del mismo sexo a contraer matrimonio se basa en la autonomía individual en lo que respecta a la sexualidad, en el matrimonio como derecho fundamental, en el matrimonio como contexto privilegiado para la crianza de los hijos y en la defensa del matrimonio como elemento central de la civilización. Pero, en cada uno de estos puntos, la mayoría tuvo que reinventar el concepto de matrimonio para defender su postura. El tribunal no solo ha ordenado que se permita el matrimonio a las parejas homosexuales, sino que ha redefinido en sus fundamentos el matrimonio mismo.

El origen del innovador argumento legal establecido por la mayoría se puede seguir claramente en las sentencias anteriores del juez Kennedy, como las de Lawrence (2003) y Windsor (2013), y cita sus propias sentencias como precedentes legales. Como el presidente del Tribunal Supremo, Roberts, dejó claro, el juez Kennedy y sus compañeros de voto mayoritario querían legalizar el matrimonio entre personas del mismo sexo e inventaron una teoría constitucional para lograr su propósito. Fue un acto de voluntad disfrazado de juicio legal.

El Juez Kennedy declaró que «el derecho al matrimonio es un derecho fundamental inherente a la libertad de la persona y, bajo las cláusulas de respeto a las garantías procesales y la igualdad en la protección recogidas en la Decimocuarta Enmienda, las parejas del mismo sexo no pueden ser privadas de ese derecho ni de esa libertad». Pero el matrimonio no aparece en la Constitución. Como afirmó el presidente del Tribunal Supremo en su voto particular, la opinión mayoritaria no planteó ningún argumento constitucional serio. Fue, como insistió el presidente del Tribunal Supremo, un argumento basado en la filosofía más que en la ley.

El exceso en sus funciones del Tribunal Supremo en este caso es más asombroso en tanto que la resolución se revisó en su totalidad y los jueces discrepantes expresaron sus preocupaciones con notable apremio. El presidente del Tribunal Supremo acusó a los votantes de la decisión mayoritaria de ejercer «políticas judiciales» que ponen en peligro nuestra forma democrática de gobierno. «El Tribunal hoy no solo ignora toda la historia y la tradición de nuestro país, sino que la repudia activamente, prefiriendo vivir tan solo en los vertiginosos días del aquí y el ahora», afirmó. Es más: «Una y otra vez, la mayoría exalta el papel del poder judicial en el cambio social». Roberts añadió: «Este voto mayoritario presenta una visión aterradora para el futuro de los miembros de este Tribunal. Si una institución social invariable que ha perdurado a lo largo de toda la historia no puede impedir la formulación de políticas judiciales, ¿quién puede hacerlo?». Esta es una pregunta inquietante. El argumento del presidente del Tribunal Supremo es una advertencia urgente: si esta corte se arroga el derecho a redefinir el matrimonio, no hay nada en absoluto que restrinja el poder judicial.

El juez Antonin Scalia criticó mordazmente a los participantes en el voto mayoritario. «Esto es una pura reivindicación judicial de poder legislativo —de hecho, superlegislativo—; algo que es contrario a los fundamentos de nuestro sistema de gobierno», afirmó. El juez Scalia pronunció estas impresionantes palabras de juicio: «Un sistema de gobierno que subordina al pueblo a un comité de nueve juristas no electos no merece ser llamado democracia».

El juez presidente también señaló otro aspecto muy revelador del voto mayoritario. El dictamen de Kennedy abre de par en par una puerta que básicamente invita a formular demandas inminentes para la legalización de la poligamia y las relaciones poliamorosas. Como observó el juez presidente Roberts: «Llama la atención cuánto del razonamiento de la mayoría se podría aplicar con igual validez a la reivindicación del derecho fundamental al matrimonio plural». Llamativo, en efecto. Lo que quizás sea aún más llamativo es que la mayoría ni siquiera parecía preocupada por que su lógica se aplicara a la poligamia.

Al aproximarse la sentencia, a aquellos de nosotros que hemos advertido que la redefinición del matrimonio no se detendrá con las uniones entre personas del mismo sexo, nos dijeron que estábamos presentando un argumento falaz y escurridizo. Ahora, el presidente del Tribunal Supremo de Estados Unidos confirma que estas preocupaciones eran plenamente válidas. Se puede dar por hecho que los defensores de la legalización de la poligamia hallaron un gran aliento en esta sentencia.

El Tribunal Supremo de Estados Unidos es la corte suprema del país, y sus decisiones no pueden ser apeladas ante un tribunal superior. Pero el Tribunal Supremo, como cualquier institución humana e individuo, se enfrentará algún día a dos tribunales superiores. El primero es el tribunal de la historia, que dictará un fallo que creo que avergonzará a esta corte y revelará su peligrosa trayectoria. Los precedentes y argumentos expuestos en esta sentencia no pueden limitarse al derecho de las parejas homosexuales a contraer matrimonio. Si la autonomía individual y la igualdad de protección significan que no se puede negar a las parejas del mismo sexo lo que ahora se define como un derecho fundamental del matrimonio, llegarán otros con el mismo argumento. Este tribunal se verá en una trampa hecha por él mismo, una trampa que causará un gran daño a esta nación y a sus familias. El segundo tribunal al que todos debemos enfrentarnos es el del juicio divino. Durante siglos, en el mundo anglófono, las ceremonias de boda han incluido la advertencia de que lo que Dios ha unido ningún ser humano —ni ninguna corte humana— debe desgarrarlo en pedazos. Eso es exactamente lo que ha hecho el Tribunal Supremo de Estados Unidos.

La amenaza que esta sentencia representa para la libertad religiosa es clara, presente e inevitable. Los participantes en el voto mayoritario de esta resolución han puesto en peligro a todas las instituciones religiosas si estas pretenden mantener sus convicciones teológicas que limitan el matrimonio a la unión entre un hombre y una mujer. Esta amenaza se extiende a todos los ciudadanos o congregaciones religiosas que mantienen las convicciones que los creyentes han mantenido durante milenios. El juez Clarence Thomas advirtió en su voto particular de «consecuencias desastrosas para la libertad religiosa».

Uno de los aspectos más peligrosos de esta sentencia se evidencia en algo que solo puede describirse como la denigración que la mayoría hace de aquellos que mantienen una visión tradicional del matrimonio como la unión exclusiva entre un hombre y una mujer. El juez Samuel Alito declaró sin rodeos que la decisión «se utilizará para denigrar a los estadounidenses que no estén dispuestos a dar su consentimiento a la nueva ortodoxia». Según el argumento ofrecido por la posición del voto mayoritario, toda oposición al matrimonio entre personas del mismo sexo tiene sus raíces en la animadversión moral hacia los homosexuales. Al presentar este argumento, la posición mayoritaria calumnia a todos los defensores del matrimonio tradicional y rechaza y difama abiertamente a aquellos que, por convicción teológica, no pueden aprobar el matrimonio homosexual.

En un sentido muy real, todo ha cambiado. El más alto tribunal del país ha redefinido el matrimonio. Aquellos que no podemos aceptar esta redefinición como un asunto de moralidad y verdad supremas, debemos reconocer que las leyes de esta nación concernientes al matrimonio se definirán en contra de nuestra voluntad. Debemos reconocer la autoridad del Tribunal Supremo en materia jurídica. Los cristianos debemos comprometernos a ser buenos ciudadanos y vecinos, aun cuando no podamos aceptar esta redefinición del matrimonio en nuestras iglesias ni en nuestras vidas.

Debemos luchar por el matrimonio como don de Dios para la humanidad, un don crucial y esencial para el desarrollo humano, y un don circunscrito a la unión conyugal entre un hombre y una mujer. Debemos luchar por la libertad religiosa para todos y centrar nuestras energías en la protección del derecho de los ciudadanos e instituciones cristianas a enseñar y actuar sobre la base de nuestras convicciones.

No podemos callar, ni unirnos a la revolución moral que se opone directamente a lo que creemos que el Creador ha diseñado, otorgado y destinado para nosotros. No podemos callar, y no podemos dejar de luchar por el matrimonio como la unión entre un hombre y una mujer.

En cierto sentido, todo ha cambiado y, sin embargo, nada ha cambiado. El panorama cultural y legal ha cambiado, ya que creemos que esto provocará daños muy reales a nuestros prójimos. Pero nuestra responsabilidad cristiana no ha cambiado. Tenemos la misión de defender el matrimonio como la unión entre un hombre y una mujer y de decir la verdad en amor. También se nos manda defender la verdad sobre el matrimonio en nuestras propias vidas, en nuestros propios matrimonios, en nuestras propias familias y en nuestras propias iglesias.

Estamos llamados a ser el pueblo de la verdad, aun cuando la verdad no sea popular y aun cuando la cultura que nos rodea la niegue. Los cristianos ya hemos estado antes en esta situación, y volveremos a estarlo. La verdad de Dios no ha cambiado. Las Sagradas Escrituras no han cambiado. El evangelio de Jesucristo no ha cambiado. La misión de la iglesia no ha cambiado. Jesucristo es el mismo, ayer, hoy y por siempre.

AGRADECIMIENTOS

Escribir es a menudo una actividad solitaria, pero un libro nunca es un logro puramente individual. Soy muy consciente de este hecho cuando pienso en cuántas personas me han escuchado hablar de estos temas, cuántos libros y escritores han influido en mi pensamiento y cuántas atenciones me han dedicado durante la redacción de este libro.

Estoy profundamente agradecido a un equipo de jóvenes becarios del seminario que trabajan en mi despacho y me ayudan en mis investigaciones y escritos. También aportan un flujo constante de conversaciones útiles mientras discutimos de todo, desde profundas preguntas teológicas hasta las noticias más recientes. Cada uno de ellos dejará huella en el mundo y servirá fielmente a la iglesia: Duncan Collins, Jeremiah Greever, John Pendleton, Forrest Strickland, Andrés Vera y Chris Winegar.

Matt Tyler y Jon Swan trabajaron para asegurarse de que pudiera encontrar los libros de mi propia biblioteca (que a veces no es tarea fácil). Les encantan los libros, igual que a mí, y me han ayudado a mantener mi biblioteca organizada y en buen estado.

Ryan Troglin, Jim Smith y Jon Pentecost realizaron la corrección básica, y Jon, que es el productor de *The Briefing*, sabía cómo encontrar cualquier artículo que yo hubiera citado en el programa, incluso años después de haberlo hecho.

Mi oficina no hubiera funcionado sin el excelente liderazgo de J. T. English y Tom Hellams, que trabajaron como asistentes ejecutivos del presidente, entre otras funciones, durante el tiempo en que se escribió el libro. Ambos creían en él y se notaba.

El libro no habría acabado de escribirse en tiempo y forma sin la inestimable ayuda de Sam Emadi, director de investigación teológica de mi oficina. Trabajar con Sam es un placer, y su dedicación académica se sumó a su profundo compromiso con este proyecto. Leyó mis manuscritos antes que nadie y no ha hecho ninguna sugerencia que no haya resultado útil.

También valoro mucho a Webster Younce, editor ejecutivo y editor asociado de Nelson Books, un profesional de la edición en todos los sentidos, que también creyó en este libro y lo ha llevado a buen término.

Uno de los mayores privilegios de mi vida es servir con la prestigiosa facultad del Seminario Teológico Bautista del Sur y del Boyce College y trabajar con colegas tan comprometidos y fieles como los de nuestro consejo ejecutivo. Dan Dumas y Randy Stinson, ambos vicepresidentes, están entre los que me han animado en todo momento al escribir este libro. Los colegas de la facultad también me animaron y, con su propia fidelidad, hicieron que mi papel como presidente fuera increíblemente satisfactorio.

Por último, como en todos los momentos de mi vida adulta, le doy las gracias a la persona que ha hecho la mayor contribución a todo lo que soy y a todo lo que hago: Mary Mohler. Ella no es solo mi esposa, sino mi mayor aliento y mi permanente amiga. Soportó semanas de caminar por una escalera llena de libros y artículos, organizados capítulo por capítulo. Soportó meses de escritura y edición. No creo que haya nada que ella no haría por mí, y continuamente parezco poner a prueba esa teoría. Es sencillamente magnífica.

NOTAS

Capítulo 1: En el despertar de una revolución

1. Flannery O'Connor, *El hábito de ser*, ed. Sally Fitzgerald (Salamanca: Ediciones Sígueme, 2004), p. 229 de la edición en inglés.
2. Theo Hobson, «A Pink Reformation», *The Guardian*, 5 febrero 2007, http://www.theguardian.com/commentisfree/2007/feb/05/apinkreformation/.
3. Ibíd.
4. Ibíd.
5. Carl F. H. Henry, *God, Revelation, and Authority*, vol. 6, *God Who Stands and Says, Part 2* (Wheaton: Crossway, 1999), p. 454.
6. Charles Taylor, *La era secular* (Barcelona: Editorial Gedisa, 2015).
7. Mary Eberstadt, *Cómo el mundo occidental perdió realmente a Dios: una nueva teoría de la secularización* (Madrid: Rialp, 2014), p. 61.
8. Claire Suddath con Duane Stanford, «Coke Confronts Its Big Fat Problem», *Bloomberg Buisnessweek*, 31 julio 2014, http://www.bloomberg.com/bw/articles/2014-07-31/coca-cola-sales-decline-health-concerns-spur-relaunch/.
9. Pitirim Sorokin, *La revolución sexual en los Estados Unidos de América* (México: Biblioteca de Ensayos Sociológicos, Inst. de Investigaciones Sociales, Univ. Nacional, 1964), p. 1 de la edición en inglés.
10. El origen del término actual «revolución sexual» se puede seguir hasta el escritor austríaco Wilhelm Reich, uno de los intelectuales que impulsó esta idea de una revolución en la moral sexual. Wilhelm Reich, *La revolución sexual* (Buenos Aires: Planeta, 1993).
11. Lillian B. Rubin, *Erotic Wars: What Happened to the Sexual Revolution?* (Nueva York: Farrar, Straus & Giroux, 1990), p. 9.

12. Alfred C. Kinsey, *Conducta sexual del hombre* (Buenos Aires: Ediciones Siglo Veinte, 1967); y *Conducta sexual de la mujer* (Buenos Aires: Ediciones Siglo Veinte, 1967). Ver también el capítulo referente a Kinsey en R. Albert Mohler Jr., *Desire and Deceit: The Real Cost of the New Sexual Tolerance* (Colorado Springs: Multnomah, 2008), pp. 103–12.

13. Sue Ellin Browder, «Kinsey's Secret: The Phony Science of the Sexual Revolution». *Crisis Magazine*, 28 mayo 2012, http://www.crisismagazine .com/2012/kinseys-secret-the-phony-science-of-the-sexual-revolution/.

14. Ver Pew Forum on Religion & Public Life, «*Nones» on the Rise: One-in-Five Adults Have No Religious Affiliation*, (Washington, DC: Pew Research Center, 9 octubre 2012), http://www.pewforum.org/files/2012/10/Nones OnTheRise-full.pdf.

15. John Heidenry, *What Wild Ecstasy: The Rise and Fall of the Sexual Revolution* (Nueva York: Simon & Schuster, 1997), p. 414.

Capítulo 2: Esto no comenzó con el matrimonio entre personas del mismo sexo

1. Margaret Sanger, *The Pivot of Civilization* (Nueva York: Brentano's, 1922; reimp. ed., Teddington, Middlesex, UK: Echo Library, 2006).

2. De modo similar, la mayoría de los evangélicos desconocen hoy en día el hecho de que la píldora, aunque era legal a principios de la década de 1960, por lo general se recetaba únicamente a las mujeres casadas, con el fin de limitar el aumento de la promiscuidad. En lo que respecta a la historia de Estados Unidos, la mayoría de los estadounidenses se sorprendería al saber que el primer presidente de Estados Unidos que habló positivamente del control de la natalidad fue Lyndon Johnson a mediados de los años sesenta.

3. *Griswold v. Connecticut*, 381 U.S. 479 (1965).

4. Pat Conroy, «Anatomy of a Divorce», *Atlanta*, 1 noviembre 1978, http:// www.atlantamagazine.com/great-reads/anatomy-of-a-divorce/.

5. Jason DeParle y Sabrina Tavernise, «For Women Under 30, Most Births Occur Outside Marriage», *New York Times*, 17 febrero 2012, www.nytimes .com/2012/02/18/us/for-women-under-30-most-births-occur-outside-marriage .html. Solo dos días después de la publicación de ese informe, el mismo periódico declaró que «los nacimientos fuera del matrimonio son la nueva normalidad» para las madres más jóvenes. Ver KJ Dell'Antonia, «For Younger Mothers, Out-of-Wedlock Births Are the New Normal», *Motherlode*

(blog), 19 febrero 2012, http://parenting.blogs.nytimes.com/2012/02/19/
for-younger-mothers-out-of-wedlock-births-are-the-new-normal/.

6. DeParle y Tavernise, «For Women Under 30».

7. Ibíd. Curiosamente, este artículo también relaciona esta noticia con el
contexto general de la revolución sexual. Como señala el documento, «las
fuerzas que reorganizan la familia son tan diversas como la globalización y
la píldora. Los analistas liberales sostienen que la disminución de los salarios
ha reducido el número de hombres disponibles para casarse». Por otro lado,
los conservadores argumentan que «la revolución sexual redujo los incentivos
para casarse y los programas de protección social disuaden del matrimonio».
En realidad, frente a estas pruebas, tanto los conservadores como los liberales
deberían aceptar la verdad del caso de la otra parte. Aquí están en juego
tanto consideraciones económicas como morales, pero la economía nunca
está exenta de conexión con la moralidad y la moralidad nunca está exenta
de conexión con los costes.

8. Karen Benjamin Guzzo, «Trends in Cohabitation Outcomes: Compositional
Changes and Engagement Among Never-Married Young Adults», *Journal of
Marriage and Family* 76, no. 4 (agosto 2014): p. 827.

9. Ver también R. Albert Mohler, «Sin by Survey? Americans Say What They
Think», AlbertMohler.com, 20 marzo 2008, http://www.albertmohler.com
/2008/03/20/sin-by-survey-americans-say-what-they-think/.

10. Tom W. Smith en «Where Are We and How Did We Get Here?» en
Marriage—Just a Piece of Paper?, ed. Katherine Anderson, Don Browning
y Brian Boyer (Grand Rapids: Eerdmans, 2002), p. 26.

Capítulo 3: Del vicio a la virtud: ¿cómo se produjo el movimiento homosexual?

1. Kevin Phillips, *American Theocracy: The Peril and Politics of Radical Religion,
Oil, and Borrowed Money in the 21st Century* (Nueva York: Penguin, 2006),
p. 241.

2. Ver Gallup, «Gay and Lesbian Rights», Gallup.com, http://www.gallup.com
/poll/1651/gay-lesbian-rights.aspx; Lydia Saad, «Americans Evenly Divided
on Morality of Homosexuality», Gallup.com, 18 junio 2008, http://www
.gallup.com/poll/108115/americans-evenly-divided-morality-homosexuality
.aspx; the Pew Research Center for the People & the Press and Pew Forum
on Religion & Public Life, «Majority Continues to Support Civil Unions»,

Pew Research Center, 9 octubre 2009, http://www.pewforum.org
/2009/10/09/majority-continues-to-support-civil-unions/.

3. Ver Robert P. Jones, *et ál.*, «What Americans Want from Immigration
Reform in 2014», Public Religion Research Institute, 10 junio 2014; the Pew
Forum on Religion & Public Life, Section 3: Social and Political Issues, Pew
Research Center, 22 septiembre 2014, http://www.pewforum.org
/2014/09/22/section-3-social-political-issues/; Justin McCarthy, «Same-Sex
Marriage Support Reaches New High at 55%», Gallup.com, 21 mayo 2014,
http://www.gallup.com/poll/169640/sex-marriage-support-reaches-new
high.aspx.

4. Hay que entender que los encuestadores y los mercadólogos son muy
conscientes del hecho de que las personas que contestan a este tipo de
encuestas a menudo responden de la manera en que creen que la persona
que hace la pregunta esperaría o querría que lo hicieran. Este tipo de
sesgo estructural en las encuestas sugiere que, aunque la mayoría de los
estadounidenses todavía no ratifica la legalización del matrimonio entre
personas del mismo sexo, una mayoría ya manifiesta que cree que *deberían*
considerarlos entre los que se encuentran en el lado correcto del criterio
cultural vigente.

5. Marshall Kirk y Hunter Madsen, *After the Ball: How America Will Conquer Its
Fear & Hatred of Gays in the 90's* (Nueva York: Doubleday, 1989), p. xxvii.

6. Ibíd., p. 178.

7. Ibíd., p. 179.

8. Ibíd., p. 183.

9. Ibíd., p. 184.

10. Ibíd.

11. Ibíd.

12. Ibíd., pp. 189–90.

13. Linda Hirshman, *Victory: The Triumphant Gay Revolution* (Nueva York:
Harper Perennial, 2013), p. 129.

14. David Eisenbach, *Gay Power: An American Revolution* (Nueva York: Carroll
& Graf, 2006), p. 231.

15. Ibíd., p. 251.

16. En este punto cabe señalar también que las confesiones protestantes históricas
están desproporcionadamente concentradas entre las élites intelectuales de la
sociedad estadounidense. Esto es importante, ya que la precipitada disminución
en la membresía y asistencia en las iglesias protestantes históricas se debe, al

menos en parte, al hecho de que las élites intelectuales se han secularizado tanto que ya no sienten la necesidad de asistir a la iglesia, ni siquiera a una iglesia liberal.

17. Brian D. McLaren, *A New Kind of Christianity: Ten Questions That Are Transforming the Faith* (Nueva York: HarperCollins, 2010), p. 11.

18. Ibíd., p. 180.

19. See «Brian McLaren on the Homosexual Question: Finding a Pastoral Response», PARSE, *Leadership Journal*, 23 enero 2006, www.christianitytoday.com/parse /2006/january/brian-mclaren-on-homosexual-question-finding-pastoral.html/.

20. Ibíd.

21. «Trevor McLaren and Owen Ryan», *New York Times*, 23 septiembre 2012, http://www.nytimes.com/2012/09/23/fashion/weddings/trevor-mclaren-owen -ryan-weddings.html/.

22. Hirshman, *Victory*, p. 145.

23. Walter Frank, *Law and the Gay Rights Story: The Long Search for Equal Justice in a Divided Democracy* (New Brunswick, NJ: Rutgers University Press, 2014), p. 85.

24. Jo Becker, *Forcing the Spring: Inside the Fight for Marriage Equality* (Nueva York: Penguin, 2014), p. 35.

25. El recorrido de la revolución legal que ayudó a impulsar el esfuerzo para la normalización de la homosexualidad también se sigue muy bien en el libro de Leigh Ann Wheeler, *How Sex Became a Civil Liberty* (Nueva York: Oxford University Press, 2013). Pero, como cuenta Wheeler, esto no comenzó con el esfuerzo por normalizar la homosexualidad, sino con el esfuerzo, emprendido por los homosexuales, para hacer retroceder la moral tradicional en asuntos que van desde el sexo prematrimonial y el adulterio hasta el poliamor. En su convincente análisis, el sexo se convirtió en una libertad civil gracias al decidido esfuerzo de los activistas de la revolución sexual por utilizar argumentos legales para impulsar su plan de acción. Y, tal como ella también documenta con honestidad, la motivación de muchos de esos activistas fue el esfuerzo por legalizar, si no por normalizar, sus propias prácticas sexuales.

26. Marco della Cava, «Hollywood: the best man of gay marriage», *USA Today*, 26 junio 2013, http://usatoday30.usatoday.com/LIFE/usaedition/2013-06 -27-Hollywood-eased-cultural-acceptance-of-marriage-ruling_ST_U.htm.

27. Ibíd.

28. Ibíd.

29. Ibíd.

30. Citado en Michael Medved, «Homosexuality and the Entertainment Media», *New Oxford Review* 68, no. 6 (junio 2001): p. 37.

31. Ibíd.

Capítulo 4: La imposible posibilidad del matrimonio entre personas del mismo sexo

1. Curiosamente, el llamado a la legalización del matrimonio entre personas del mismo sexo proviene en gran medida de figuras que se identifican, de alguna manera, con el derecho cultural en Estados Unidos y Gran Bretaña. Como miembros de la derecha cultural, estos «conservadores gais» entendían la utilidad y centralidad del matrimonio para la sociedad y reconocían el valor del mismo como contexto primordial para el desarrollo humano. Además, valoraban mucho el capital social que la sociedad en su conjunto otorga a las parejas casadas, que incluye una serie de derechos y reconocimientos de privilegio. Aunque no todos los «conservadores gais» se identifican con el movimiento asimilacionista, su programa moral y político es claramente el de asimilarse en la sociedad en general por medio de la institución del matrimonio.

2. William Eskridge, *The Case for Same-Sex Marriage: From Sexual Liberty to Civilized Commitment* (Nueva York: Free Press, 1996).

3. Andrew Sullivan, *Prácticamente normal: una argumentación sobre la homosexualidad* (Barcelona: Alba, 1999), p. 185 de la edición en inglés.

4. Michelangelo Signorile, «I Do, I Do, I Do, I Do, I Do», *Out Magazine* (mayo 1996), p. 30.

5. Ibíd., p. 32.

6. Ibíd., p. 113.

7. Ver el Pew Forum on Religion & Public Life, *«Nones» on the Rise: One-in-Five Adults Have No Religious Affiliation,* (Washington, DC: Pew Research Center, 9 octubre 2012), http://www.pewforum.org/files/2012/10/Nones OnTheRise-full.pdf.

8. James Davison Hunter, *To Change the World: The Irony, Tragedy, & Possibility of Christianity in the Late Modern World* (Oxford: Oxford University Press, 2010), p. 41.

9. Sherif Girgis, Ryan T. Anderson y Robert P. George, *What Is Marriage? Man and Woman: A Defense* (Nueva York: Encounter Books, 2011).

10. Ibíd., p. 1.

11. Ibíd., p. 69.

Capítulo 5: La revolución transgénero

1. Jennifer Finney Boylan, «I Had a Boyhood, Once», *New York Times*, 20 julio 2014, http://www.nytimes.com/2014/07/21/opinion/boylan-boyhood-the -better-angels.html. Boylan, profesora de inglés en el Barnard College, también documenta su experiencia transgénero en su libro *Stuck in the Middle with You: Parenthood in Three Genders* (Nueva York: Crown, 2013).

2. Katy Steinmetz, «The Transgender Tipping Point», *Time*, 29 mayo 2014, http://time.com/135480/transgender-tipping-point/.

3. Ibíd.

4. Ver, por ejemplo, Joanne Meyerowitz, *How Sex Changed: A History of Transsexuality in the United States* (Cambridge, MA: Harvard University Press, 2004), p. 285. «El auge del movimiento transgénero coronó el siglo en el que el cambio de sexo se convirtió por primera vez en una especialidad médica y los transexuales aparecieron por vez primera como un grupo social visible. Desde los experimentos de principios del siglo veinte sobre el cambio de sexo en animales hasta el movimiento de liberación de los años noventa, el tema del cambio de sexo ha servido como punto clave para la definición y redefinición del sexo en la cultura popular, la ciencia, la medicina, el derecho y la vida cotidiana. En un siglo en el que otros habían desafiado las categorías sociales y las jerarquías de clase, raza y género, las personas que esperaban cambiar de sexo habían puesto en tela de juicio otra categoría fundamental, el sexo biológico, que era comúnmente visto como obvio e inalterable».

5. Human Rights Campaign Foundation, «A Few Definitions for Educators and Parents/Guardians», sitio web de Welcoming Schools, acceso obtenido 28 abril 2015, http://www.welcomingschools.org/pages/a-few-definitions -for-educators-and-parents-guardians.

6. Ibíd.

7. Ver, por ejemplo, los comentarios de Lori B. Gershick, *Transgender Voices: Beyond Women and Men* (Lebanon, NH: University Press of New England, 2008), p. 5. «Creo en la construcción social de la realidad. Lo que creemos —cómo pensamos de nosotros mismos, de nuestras relaciones, de nuestro mundo social— no tiene tanto que ver con "hechos" científicos o biológicos como con una fuerte formación familiar, cultural y social que refuerza lo que se considera "normal". No importa demasiado si "normal" define la experiencia real de unos pocos, muchos o nadie. Lo que importa es que "normal" sostiene un conjunto de estructuras políticas jerárquicas,

sistemas económicos y convenciones sociales que benefician a los que están en la parte superior de la pirámide».

8. El Evangelical Women's Caucus se estableció para defender los intereses feministas dentro del movimiento evangélico. Se dividió después de años de amargas polémicas en torno a la cuestión del lesbianismo. Ver S. Sue Horner, «Trying to Be God in the World: The Story of the Evangelical Women's Caucus and the Crisis over Homosexuality», en *Gender, Ethnicity, and Religion: Views from the Other Side*, ed. Rosemary Radford Ruether (Minneapolis: Fortress Press, 2002), pp. 99–124.

9. Virginia Ramey Mollenkott, *Omnigender: A Trans-Religious Approach* (Cleveland: Pilgrim Press, 2007), p. 8. «Las personas a las que no les gusta mi propuesta de una construcción social omnigénero sin duda opinan así por lealtad a la idea de que realmente existe un binomio esencial femenino y masculino que es la voluntad de Dios o la norma perpetua de la naturaleza, o ambas cosas a la vez. Irónicamente, se aferrarán a esta construcción esencialista del género para negar que este sea una construcción social».

10. Ibíd., p. 166.

11. Ibíd., p. 167.

12. Ibíd., p. 168.

13. Ibíd.

14. Ibíd., p. 169.

15. Ibíd.

16. El texto de este correo electrónico se puede encontrar en: http://thefederalist .com/wp-content/uploads/2014/08/JanneyEmail.pdf. Este enlace lo aporta Mary Hasson en «Back to School: When Mr. Reuter Becomes "Ms. Reuter"», *The Federalist*, 5 agosto 2014, http://thefederalist.com/2014/08/05/back-to-school-when-mr-reuter-becomes-ms-reuter/.

17. Human Rights Campaign Foundation, «A Few Definitions for Educators and Parents/Guardians».

18. Hasson, «Back to School: When Mr. Reuter Becomes "Ms. Reuter"». La revolución transgénero también intenta retrasar la edad pertinente para abordar por primera vez la cuestión del género hasta el nacimiento. Un chocante artículo de Christin Scarlett Milloy argumenta que la imposición del sexo biológico a un bebé es una forma de crueldad. Dice: «Con la asignación del género al bebé, en un solo momento la vida de tu bebé se reduce instantánea y brutalmente desde un potencial infinito a un conjunto concreto de expectativas y estereotipos, y cualquier desviación del comportamiento será

severamente castigada, tanto de forma deliberada por los intolerantes como de forma involuntaria por los ignorantes». Ese doctor (y la estructura de poder que tiene detrás) juega un papel fundamental al imponer esos límites a los bebés indefensos, sin su consentimiento, y sin tu consentimiento informado como padre o madre. Este tema merece una seria consideración por parte de todos los padres, porque, independientemente de la identidad de género que tu hijo adopte al final, la asignación del género al bebé tiene efectos que durarán toda su vida». Ver Christin Scarlett Milloy, «Don't Let the Doctor Do This to Your Newborn», *Outward* (blog), 26 junio 2014, http://www.slate.com/blogs /outward/2014/06/26/infant_gender_assignment_unnecessary_and_potentially _harmful.html.

19. Steinmetz, «The Transgender Tipping Point».
20. Michael Kiefer, «Arizona Appeals Court: "Pregnant Man" can get a divorce», *Arizona Republic*, 14 agosto 2014, http://www.azcentral.com/story/news /local/arizona/2014/08/13/arizona-appeals-court-pregnant-man-can-get -divorce/14026193/.
21. Sarah Pulliam Bailey, «H. Adam Ackley, Transgender Theology Professor, Asked to Leave California's Azusa Pacific University», *Huffington Post*, 23 septiembre 2013, http://www.huffingtonpost.com/2013/09/23/transgender -professor-azusa-pacific-_n_3977109.html.
22. Lila Shapiro, «Domaine Javier, Transgender Student, Sues University That Expelled Her For 'Fraud,'» *Huffington Post*, 27 febrero 2013, http://www .huffingtonpost.com/2013/02/27/domaine-javier-lawsuit_n_2775756 .html.
23. Allan Metcalf, «LGBTQQ2IA», *Lingua Franca* (blog del *Chronicle of Higher Education*), 19 agosto 2014, http://chronicle.com/blogs/linguafranca/2014/08 /19/lgbtqq2ia/.
24. Ibíd.
25. Ibíd.
26. Ibíd.
27. Allan Metcalf, «What's Your PGP?», *Lingua Franca* (blog de *Chronicle of Higher Education*), 2 septiembre 2014, http://chronicle.com/blogs /linguafranca/2014/09/02/whats-your-pgp/.
28. Gay Straight Alliance for Safe Schools, «What the heck is a "PGP"?» http:// www.gsafewi.org/wp-content/uploads/What-the-heck-is-a-PGP1.pdf.
29. «Faculty guide to working with Transgender & Gender Non-Conforming students in the classroom», Central Connecticut State University LGBT

Center, acceso obtenido 1 abril 2015, http://web.ccsu.edu/lgbtcenter /facGuides.asp; «Name, Pronoun, & Gender Marker Changes», University of Colorado at Boulder GLBTQ Resource Center, acceso obtenido 1 abril 2015, http://www.colorado.edu/glbtqrc/name-pronoun-gender-marker-changes.

30. Denny Burk, *What Is the Meaning of Sex?* (Wheaton, IL: Crossway, 2013), p. 160.

31. El análisis final de McHugh es aún más claro e importante. Sostiene que cambiar de sexo es, en última instancia, «imposible». «Las personas que se someten a una cirugía de cambio de sexo no pasan de ser hombres a ser mujeres, o viceversa. Más bien, se convierten en hombres feminizados o en mujeres masculinizadas. Afirmar que se trata de un asunto de derechos civiles y fomentar la intervención quirúrgica es, en realidad, promover y colaborar con un trastorno mental». Paul McHugh, «Transgender Surgery Isn't the Solution», *Wall Street Journal*, 12 junio 2014.

Capítulo 6: El final del matrimonio

1. Renee Ellis y Rose M. Kreider, *Number, Timing, and Duration of Marriages and Divorces: 2009*, United States Census Bureau, mayo 2011, http://www .census.gov/prod/2011pubs/p70–125.pdf.; Dan Hurley, «Divorce Rate: It's Not as High as You Think», *New York Times,* 19 abril 2005, http://www .nytimes.com/2005/04/19 /health/19divo.html?_r=0.; D'Vera Cohn, «At Long Last, Divorce», Pew Research Center, 4 junio 2010, http://www .pewresearch.org/2010/06/04/at-long-last-divorce/.

2. Brigitte Berger y Peter Berger, *The War Over the Family: Capturing the Middle Ground* (Nueva York: Anchor Press/Doubleday, 1983), p. 4.

3. Christopher Lasch, *Refugio en un mundo despiadado: reflexión sobre la familia contemporánea* (Barcelona: Editorial Gedisa, 1996).

4. Donald S. Browning, *Marriage and Modernization: How Globalization Threatens Marriage and What to Do About It* (Grand Rapids: Eerdmans, 2003), p. 18.

5. Mark Regnerus, «How Different Are Adult Children of Parents Who Have Same-Sex Relationships? Findings from the New Family Structures Study», *Social Science Research* 41 (2012): pp. 752–70.

6. «Beyond Same-Sex Marriage: A New Strategic Vision for All Our Families and Relationships», Beyond Marriage, última modificación 26 julio 2006, http://beyondmarriage.org/full_statement.html.

7. Ibíd.

8. Judith Stacey, *Unhitched: Love, Marriage, and Family Values from West Hollywood to Western China* (Nueva York: NYU Press, 2012), p. 151.

Capítulo 7: ¿Qué dice en realidad la Biblia sobre el sexo?

1. Carl F. H. Henry, *God, Revelation, and Authority, Vol. 3: The God Who Speaks and Shows* (Wheaton: Crossway, 1999), p. 405.

2. El papa Juan Pablo II abogó valientemente por la «teología del cuerpo», y también defendió con franqueza y compasión tanto el matrimonio como la santidad de la vida.

3. Quienes nacen como intersexuales o son identificados como hermafroditas son obviamente seres humanos hechos a imagen de Dios, junto con todos los demás miembros de la familia humana. También debemos afirmar que en los raros casos en que un niño nace con un género indefinido, debe dejarse a los padres y a los médicos la tarea de sugerir los medios con los que se puede ayudar a ese niño a alcanzar la mayor felicidad y el mejor desarrollo posible. Por otra parte, la referencia a los individuos intersexuales o de sexo indeterminado por parte de quienes promueven la revolución transgénero es un argumento falaz. Los cristianos deben entender que, aunque todos nacemos rotos, esa ruptura se evidencia en cada ser humano de diferentes maneras. Para los nacidos con un género indefinido, ese mismo hecho es una evidencia, no de su particular fractura, sino de la fractura del cosmos. Estos asuntos difíciles señalan hacia nuestra única esperanza de integridad y restauración final a través de la expiación del Señor Jesucristo.

4. J. Gresham Machen, «The Separateness of the Church», en *God Transcendent*, de Ned Bernard Stonehouse (Edinburgh: Banner of Truth Trust, 1982), p. 113.

5. Dan O. Via y Robert A. J. Gagnon, *Homosexuality and the Bible: Two Views* (Minneapolis: Fortress Press, 2003), p. 94.

6. A partir de la afirmación de William M. Kent publicada en *Report of the Committee to Study Homosexuality to the General Council on Ministries of the United Methodist Church*, 24 agosto 1991.

7. Matthew Vines, *God and the Gay Christian: The Biblical Case in Support of Same-Sex Relationships* (Colorado Springs: Convergent Books, 2014). La respuesta de mis colegas y mía al libro de Vines está en *God and the Gay Christian: A Response to Matthew Vines*, ed. R. Albert Mohler Jr. (Louisville: SBTS Press, 2014), http://126df895942e26f6b8a0-6b5d65e17b10129dda21 364daca4e1f0.r8.cf1.rackcdn.com/GGC-Book.pdf.

8. Vines, *God and the Gay Christian*, 130. Énfasis original.

9. Ibíd., p. 102.

10. Ibíd., p. 130.

11. Ibíd., p. 2.

12. Ver E. Michael Jones, *Degenerate Moderns: Modernity as Rationalized Sexual Misbehavior* (San Francisco: Ignatius Press, 1993).

Capítulo 8: La libertad religiosa y el derecho a ser cristiano

1. Ver «No Right to Refuse Gay Couple's Wedding Cake», *Denver Post*, 9 diciembre 2013, http://www.denverpost.com/editorials/ci_24687970/no-right -refuse-gay-couples-wedding-cake/. Mollie Ziegler Hemingway, «Gay Marriage Collides with Religious Liberty», *Wall Street Journal*, 19 septiembre 2013, http://online.wsj.com/news/articles/SB10001424127887324665604579081742146908298/.

2. Corte Suprema del estado de Nuevo Méjico, *Elane Photography, LLC v. Vanessa Willock*, 22 agosto 2013, Docket No. 33, 687, http://online.wsj.com/public/resources/documents/Photogopinion.pdf.

3. Marc D. Stern, «Same-Sex Marriage and the Churches», en *Same-Sex Marriage and Religious Liberty: Emerging Conflicts*, eds. Douglas Laycock, Anthony R. Picarello Jr., y Robin Fretwell Wilson (Lanham, MD: Rowman & Littlefield, 2008), p. 1.

4. Ibíd., p. 57.

5. Chai R. Feldblum, «Moral Conflict and Conflicting Liberties», en Douglas Laycock, Anthony R. Picarello y Robin Fretwell Wilson, *Same-Sex Marriage and Religious Liberty: Emerging Conflicts*, pp. 124–125.

6. Ibíd., 125.

7. *Planned Parenthood of Southeastern Pennsylvania v. Casey*, 505 U.S. 833 (1992).

8. Ver, por ejemplo, el artículo de Frank Bruni en el que dice: «Apoyo el derecho de las personas a creer lo que creen y decir lo que deseen, en sus asientos, hogares y corazones» (Frank Bruni, «Your God and My Dignity: Religious Liberty, Bigotry and Gays», *New York Times*, 10 enero 2015, http://mobile.nytimes.com/2015/01/11/opinion/sunday/frank-bruni-religious-liberty -bigotry-and-gays.html?smprod=nytcore-iphone&smid=nytcore-iphone -share&_r=4&referrer=.

9. Citación judicial disponible en http://www.adfmedia.org/files/Woodfill SubpoenaRequest.pdf.

10. Katie Leslie, «Atlanta Fire Chief Suspended Over Book Controversy», *Atlanta Journal-Constitution*, lunes, 24 noviembre 2014.

11. *United States v. Windsor*, 570 U.S. ___ (2013).

12. Jonathan Rauch, *Kindly Inquisitors: The New Attacks on Free Thought* (Chicago: University of Chicago Press, 2013), p. 179.

13. Ibíd., p. 181.

Capítulo 9: La compasión de la verdad: la iglesia y el desafío de la revolución sexual

1. Ver R. Albert Mohler Jr., «The Giglio Imbroglio—The Public Inauguration of a New Moral McCarthyism», AlbertMohler.com, 10 enero 2013, hhtp://www .albertmohler.com/2013/01/10/the-giglio-imbroglio-the-public-inauguration -of-a-new-moral-mccarthyism/

2. Lord Alfred Douglas, «Two Loves», Poets.org, acceso obtenido 28 mayo 2015, http://www.poets.org/poetsorg/poem/two-loves.

3. Christian Smith, *Soul Searching: The Religious and Spiritual Lives of American Teenagers* (Oxford: Oxford University Press, 2005), p. 162.

4. Ibíd., pp. 162–63.

5. Christian Smith, *Souls in Transition: The Religious & Spiritual Lives of Emerging Adults* (Oxford: Oxford University Press, 2009), p. 81.

6. David Kinnaman y Gabe Lyons, *Casi cristiano* (Lake Mary, Fl: Casa Creación, 2009), p. 91.

7. David Kinnaman, *Me perdieron: por qué hay jovenes cristianos dejando la iglesia y repensando su fe* (Grand Rapids: Vida, 2013), p. 22 del original en inglés.

8. Carl Trueman, profesor de Teología e Historia de la iglesia en el Westminster Theological Seminary de Philadelphia, declaró recientemente: «Vivimos en un tiempo de exilio; al menos los que nos aferramos a las creencias cristianas tradicionales. La estridente retórica del cientificismo ha convertido en ridícula la creencia en lo sobrenatural. La píldora, el divorcio sin culpa y ahora el matrimonio gay han hecho que la ética sexual tradicional parezca desfasada en el mejor de los casos y odiosa en el peor. La esfera pública occidental ya no es un lugar en el que los cristianos se sientan cómodos». Sus palabras son muy acertadas. Carl Trueman, «A Church for Exiles», *First Things*, http://www.firstthings.com/article/2014/08/a-church-for-exiles.

9. Carl F. H. Henry, *Evangelicals in Search of Identity* (Waco, TX: Word, 1976), p. 16.

Capítulo 10: Las preguntas difíciles

1. Ver Robert A. J. Gagnon, *The Bible and Homosexual Practice: Texts and Hermeneutics* (Nashville: Abingdon Press, 2002).

2. Ver la discusión de este tema en el capítulo 7 de este libro.

3. Históricamente, el argumento para este concepto en la esfera pública se remonta a Simon LeVay y otros que afirmaron descubrir un gen gay, pero los demás científicos no han confirmado la investigación de LeVay.

4. Eugene Peterson, *Una obediencia larga en la misma dirección: el discipulado en una sociedad instantánea* (Miami, Fl: Editorial Patmos, 2005).

5. Ver la discusión sobre este mismo asunto en el capítulo 5 de este libro.

ÍNDICE

SOBRE EL AUTOR

R. Albert Mohler, Jr., es presidente del Seminario Teológico Bautista del Sur y profesor de la cátedra Joseph Emerson Brown de Teología Cristiana. Las revistas *Time* y *Christianity Today* consideran al doctor Mohler un líder entre los evangélicos estadounidenses. Se le puede escuchar en *The Briefing*, un pódcast diario que analiza noticias y acontecimientos desde una cosmovisión cristiana. También escribe un popular comentario sobre temas morales, culturales y teológicos en albertmohler.com. Él y su familia viven en Louisville, Kentucky.